U0668381

学生励志名人馆

艺苑巨擘

用艺术描绘世界

主编◎许敏敏

图书在版编目（CIP）数据

艺苑巨擘：用艺术描绘世界/许敏敏主编.-长春：东北
师范大学出版社，2019.1（2021.6重印）

（学生励志名人馆）

ISBN 978-7-5681-5030-9

Ⅰ.①艺...　Ⅱ.①许...　Ⅲ.①艺术家-生平事迹-世界
-青少年读物　Ⅳ.①K815.7-49

中国版本图书馆CIP数据核字（2018）第228058号

□ 责任编辑：陈　丹　　□ 封面设计：蔚蓝风行　睿珩文化

□ 责任校对：张婷婷　　□ 责任印制：张允豪

东北师范大学出版社出版发行

长春净月经济开发区金宝街118号（邮政编码：130117）

电话：0431-84568071

网址：http://www.nenup.com

东北师范大学出版社激光照排中心制版

天津久佳雅创印刷有限公司印装

天津市宝坻区牛道口镇产业园区一号路1号

2019年1月第1版　2021年6月第2次印刷

幅面尺寸：170mm×240mm　印张：8　字数：150千

定价：23.80元

Foreword

苏联文学批评家阿尼克斯特曾说过:"一个敏感的人,即使在最痛苦的时候也能找到美的因素。"而艺术家无疑就是这个敏感的人,他们在欢乐的时候发现了美,在痛苦的时候创造了美。他们把艺术作为连接整个人类社会的可靠纽带,用艺术颂扬人世间的真善美,揭露人世间的假恶丑,履行了一个艺术家的使命。他们毕生执着于自己的艺术追求,用生命诠释了艺术的真谛。他们的作品,不管是描绘缤纷世界,还是展示健美体格,或是揭露污浊现象,都能展示自己的独特个性,同时陶冶人们的情操,激励人们的斗志,净化人类的心灵。

艺术家的成长史就是他们的艺术奋斗史,没有一个艺术家能够离开"奋斗"二字,即便是像达·芬奇、莫扎特、肖邦、帕格尼尼那样的天才。本书介绍了60多位艺术巨擘,汇集了古今中外的艺术名家,每篇都从艺术家们的成长史着手,结合其作品,讲述了他们不同的奋斗历程。其中还穿插了许多发人深思的故事,或温馨舒适,或幽默诙谐,或感人肺腑,涉及艺术家们生活的方方面面,力求全面、立体地解读每一位艺术家,以期使读者对艺术能够有一个初步认识,并通过阅读艺术家的奋斗历程,思考自己的人生,实现自己的人生价值。此外,本书还结合每一位艺术家的创作特色,对其作了一个准确的定位,避免了对艺术家们大而不当的评论和浮光掠影式的介绍。

古今中外的艺术巨擘人数众多,由于本书篇幅有限,不能一一列举,只能从中挑选出一些对艺术做出过杰出贡献、推动艺术发展的领军人物,将他们的成长经历、奋斗历程、趣闻轶事以及所取得的艺术成就呈现出来,以飨读者。

前言

目录
Contents

·········· 第一章 外国篇

第二章 中国篇

Part 1

第一章

Foreign article

外国篇

　　仰望人类历史发展的长空，一颗颗璀璨耀眼的艺术之星在静谧之中尤其令人瞩目，他们在人类精神世界里留下了浓墨重彩的一笔，这其中有扼住命运咽喉的音乐至圣贝多芬，雅洁与绚丽融合的印象派领袖马奈，追求完美的艺术巨匠米开朗琪罗，在孤寂中捧出芳香的钢琴诗人肖邦，轻灵飘逸的现代舞之母邓肯……这些艺术家们毕生执着于艺术追求，用生命诠释了艺术的真谛。

第一节
美术

箴言

上帝看得见。

雅典娜神像（罗马复制品，摄影：Marsyas），收藏于希腊雅典国家考古博物馆。作者在保持希腊远古时期大型雕刻传统正面像的基础上，探索和发掘纪念碑雕塑语言的表现力。在细节和整体、繁和简、形体和色彩、雕刻和建筑等一系列关系上，达到了高度的和谐与统一，形象地体现了雅典城邦的社会理想和审美观念

菲狄亚斯——与神明对话的雕刻巨匠

菲狄亚斯（Phidias，前490或前485—前432），古希腊时期的雕刻家、画家和建筑师，雅典人，被公认为最伟大的古典雕刻家。其著名作品为世界七大奇迹之一的《宙斯神像》和帕提农神庙的《雅典娜神像》，两者虽然都已被毁，不过仍有许多古代复制品传世，其中的雅典娜神像甚至在20世纪末，有人在美国做出1:1尺寸的翻版品。菲狄亚斯的艺术风格是姿态宁静而高贵，表情肃穆而温雅，后人称为"神明的静穆"。

重建雅典卫城

提到菲狄亚斯，人们总会想起雅典卫城。他曾在希腊各地从事艺术创作活动，二十来岁时，便已蜚声艺坛。那时希腊各城邦都争相邀请菲狄亚斯到本城从事创作活动。菲狄亚斯选择了在故乡雅典度过自己的创作生涯。在那儿他用毕生精力领导众人重建了雅典卫城，并创作了众多举世闻名的雕刻杰作。

公元前490年，古波斯帝国为了扩张版图入侵希腊。希腊人抗争了十年，最终取得了胜利。十年的战火使得雅典卫城满目疮痍，重建工作迫在眉睫。由于菲狄亚斯当时已颇负盛名，

因此这一重担自然而然地落在了他的肩上。而雅典卫城重建的最主要任务就是雅典娜神像和帕提农神庙的建造。当时，雅典娜是希腊人心目中的女神，是和平与威力的象征，也是希腊在希波战争中的守护神。于是，在雅典卫城中，由菲狄亚斯负责建造了三座雅典娜神像，其中一座就是帕提农神庙内高12米的雅典娜像，是当年帕提农神庙大厅中的主像。据说雕像用木料做胎，以黄金和象牙做表面装饰，十分华贵。菲狄亚斯塑造了一个头戴战盔，胸披甲胄，右手托着胜利女神，左手扶着刻有浮雕的盾牌的雅典娜神像，其体态丰满健壮，长衫的雕刻厚重有力，自然生动，面部造型均匀端正，鼻梁挺直，双目炯炯有神，显示出传说中智慧女神的崇高和典雅，同时也给人以平易安详的印象。这座

雕像是古希腊辉煌时期的典范之作，代表着古希腊雕刻艺术的高峰。

菲狄亚斯还创作了帕提农神庙的大量装饰浮雕，包括东西山墙雕刻、92块方格浮雕和长达160多米的带型装饰雕刻。这三部分协调又各有特色，构成变化丰富又浑然一体的建筑雕刻整体，是古希腊雕刻遗迹中最伟大、最丰富的作品，充分表现了菲迪亚斯的高超技艺。

雅典卫城凝聚了众多艺术大家的心血，是一个时代的奇迹，也是菲狄亚斯留给世人最宝贵的财富。

帕提农神庙带型浮雕，又称《向雅典娜献新衣》，长160米，浮雕带高1米，位于距地面12米高的四周廊壁上，现存还有120米长。这样壮观的浮雕带在当时的雕刻作品中是十分罕见的。浮雕内容表现的是雅典每四年一次的雅典娜女神祭祀节游行的盛况

菲狄亚斯的机趣

菲狄亚斯是当时首屈一指的雕刻家，在为雅典的帕提农神庙制作完成雕像后，菲狄亚斯向雅典市府索取薪酬。财务官却刁难菲狄亚斯说："你所做的雕像都矗立于神庙的屋顶，神庙又是建在高山上，所有人只能看到雕像的正面，而看不到雕像的背面。我只能付给你雕像正面的费用，而雕像的背面由于大家都看不到，所以我不能付给你那些钱。"

"你错了，"菲狄亚斯反驳道，"上帝看得见。"财务官一时语塞，只好如数支付给菲狄亚斯薪酬。

神明的静穆

菲狄亚斯一生创作了不计其数的雕刻作品，其中最主要的作品就是神明雕像。他创作的神明雕像栩栩如生，是人性与神性、人文主义与理性主义的完美融合。其作品的艺术风格体现为姿态宁静而高贵，表情肃穆而温雅，被后人称为"神明的静穆"。古希腊诗人菲利浦面对宙斯像发出这样的感叹："啊，菲狄亚斯！莫非神祇驾临大地，于你面前显形？莫非你攀上云天，亲睹神形？"菲狄亚斯忠实于自然，又善于净化自然；模仿自然，又善于在模仿中驰骋想象力，表现理想。他不愧为最伟大的古典雕刻艺术家。

达·芬奇——法天贵真的绘画天才

勤劳一日，可得一夜安眠；勤劳一生，可得幸福长眠。

达·芬奇自画像，画于1512—1515年左右，被广泛认为是达·芬奇现存最早的自画像

达·芬奇（Leonardo da Vinci，1452—1519），意大利文艺复兴时期伟大的画家、寓言家、雕塑家、发明家、哲学家、音乐家、医学家、生物学家、地理学家、建筑工程师和军事工程师，"文艺复兴三杰"（达·芬奇、米开朗琪罗、拉斐尔）之一。他是一位天才，他一面热衷于艺术创作和理论研究，一面为了塑造真实感人的艺术形象而研究自然科学。他曾广泛地研究过与绘画有关的光学、数学、地质学、生物学等多种学科，他的艺术实践和科学探索精神对后代产生了重大而深远的影响。绘画代表作品主要有《蒙娜丽莎》《最后的晚餐》《岩间圣母》等。

■ 师法自然的少年天才

达·芬奇出生在意大利佛罗伦萨附近的芬奇镇，父亲比埃罗是一名律师，母亲特丽娜是一位农妇。由于文化程度的差异，父母在达·芬奇出生后不久便离异，达·芬奇跟随父亲生活。

孩提时代的达·芬奇聪明伶俐，兴趣广泛。他热爱大自然，倾心于描绘花草树木，并对色彩有着极高的敏感度。他喜欢独自探险，登山涉水，入洞探穴。每次外出，他总要带回些自然生物，并饶有兴味地对它们进行描绘。镇上的居民都惊叹他的才华，称其为"绘画神童"。

比埃罗起初并不在意达·芬奇的绘画才能，而是想让他成为一名律师。一次，比埃罗受人委托，要画一幅盾面画。他想试试儿子是否真有绘画才艺，便将这份工作交给了小芬奇。小芬奇凭着丰富的想象力，用了一个月的时间，在盾牌上画了一个骇人的妖怪。这妖怪长着火球般的眼睛，张着血盆大口，鼻孔中喷出火焰和毒气，样子十分恐怖。小芬奇请父亲到房间查看，他事先拉上一半窗帘，将画架竖在房间的采光处，让光线正好落在妖怪身上。比埃罗一走进房间就看到了这个面目狰狞的怪物，吓得大叫起来。小芬奇大笑着说："请您拿去吧，这就是它该产生的效果。"比埃罗在确信了儿子的绘画天赋之后，便将小芬奇送往佛罗伦萨，师从著名的艺术家韦罗基奥学习造型艺术。

■ 寻找自然之美的艺术大师

谈到艺术创作，在文艺复兴时期首推"文艺复兴三杰"，其中以达·芬奇最为突出，恩格斯称他是巨人中的巨人。在艺术创作方面，达·芬奇解决了建筑、雕刻、绘画这三个领域的重大问题。纪念性中央圆屋顶建筑物设计和理想城市的规划问题在当时的建筑界是一个令人头疼的问题，达·芬奇却完美地解决了这个难题。在雕塑领域，他完成了 15 世纪以来雕刻家深感棘手的骑马纪念碑雕像的课题。他还解决了当时绘画中两个重要领域——纪念性壁画和祭坛画的问题。

达·芬奇的艺术作品犹如一面镜子，真实、深刻地反映事物，这是因为他以思考指导创作，从自然界中发现和选择美的部分并加以表现。达·芬奇思想深邃、博学多才，他怀着永无休止的探索精神去研究自然和人生的一切奥秘，他把艺术和科学、理智和情感、形体和精神熔于一炉，继承和发扬了前人的人文主义思想和现实主义表现手法，把艺术推进到一个前所未有的高度，为自然科学的发展做出了巨大贡献。达·芬奇是当之无愧的"文艺复兴时代最完美的代表人物"。

达·芬奇的作品代表壁画《最后的晚餐》、祭坛画《岩间圣母》和肖像画《蒙娜丽莎》是他一生的三大杰作。这三幅作品是达·芬奇为世界艺术宝库留下的珍品中的珍品，是欧洲艺术的拱顶之石。

达·芬奇名作《蒙娜丽莎》[The Mona Lisa（La Gioconda）]，1503—1507 年，收藏于巴黎卢浮宫

米开朗琪罗——追求完美的艺术巨匠

米开朗琪罗（Michelangelo Buonarroti，1475—1564），"文艺复兴三杰"之一，著名的画家、雕刻家和建筑师，对欧洲绘画和雕塑艺术的发展有着深刻的影响。他为罗马西斯廷教堂天花板绘制的巨型天顶画——《创世记》被誉为历代最伟大的艺术作品之一，他创作的雕像《大卫》《摩西》和《圣母抱基督尸体哀戚》，堪称登峰造极的艺术品。

悲剧的人生历程，完美的艺术追求

米开朗琪罗生于佛罗伦萨附近的卡普雷塞，6岁丧母，父亲是一名脾气暴烈的法官。米开朗琪罗幼时被寄养在一个石匠家，后来他把做雕塑家这个志向幽默地说成是得益于幼时的乳母的哺育以及家庭的熏陶，使他学会了使用凿子和锤子的诀窍。

13岁时，他进入佛罗伦萨著名画家多梅尼科·基兰达约的工作室，在那里他开始接触他终生从事的神圣事业。1489年，他转入洛伦佐·德·美第奇创办的自由美术学校，那里是文艺复兴运动的中心。

1496年，米开朗琪罗来到罗马，先后创作了第一批雕塑代表作《酒神巴库斯》和《哀悼基督》等。1501年，他回到佛罗伦萨，用了4年时间完成了举世闻名的雕塑作品《大卫》。1508年，米开朗琪罗应教皇尤利乌斯二世的邀请，为梵蒂冈西斯廷小教堂的穹顶绘制天顶画。他以超凡的智慧和毅力完成了世界上最大的天顶画《创世记》。1536年，米开朗琪罗回到罗马西斯廷教堂，用了近6年的时间创作了伟大的教堂壁画《最后的审判》。

米开朗琪罗似乎是为艺术而生的，为了追求完美的艺术作品，他过着苦行僧般的生活。法国作家罗曼·罗兰在

▲ 米开朗琪罗1504年完成的雕塑作品《大卫》是文艺复兴时期最负盛名的杰作之一

箴言

绘画愈像雕刻，映在我眼里愈觉得它是出色的作品，雕刻愈像绘画，我就愈觉得它是拙劣的作品；雕刻是绘画的火把，它们就如太阳与月亮的光，有天壤之别。

《创世记》是米开朗琪罗画在梵蒂冈西斯廷教堂礼拜堂天花板上的壁画。作品场面宏大，人物刻画震撼人心。是米开朗琪罗的代表作之一

《米开朗琪罗传》中写道："他要成为一切：工程师、手工人、矿石工人。他要独自完成一切。这是一种判罚苦役般的生活。他甚至不愿分出时间去饮食睡眠。"

米开朗琪罗代表了欧洲文艺复兴时期雕塑艺术的最高峰，他在艺术作品中倾注了自己满腔的悲剧性激情。这种悲剧性是以宏伟壮丽的形式表现出来的，所以他所塑造的英雄既是理想的象征又是现实的反映。这些都使他的艺术创作成为西方美术史上一座难以逾越的高峰。

■ 最接近天堂的画作——《创世记》

天顶画《创世记》以《圣经》中同名篇章的故事为主线，分为9个部分和主题，描绘的人物多达300多个，分布在西斯廷教堂整个长方形大厅的天花板上。该画作长36.54米，宽13.14米，总面积达480平方米，是有史以来规模最大的壁画之一。整个作品气势宏伟，场面波澜壮阔，人物刻画极富感染力和艺术表现力，堪称世界艺术史上一座不朽的丰碑。

米开朗琪罗还利用绘制的壁柱和饰带把每幅图画分隔开来，借助立面墙体弧线延伸为假想的建筑结构，并在壁柱和饰带分隔的预留空间绘上了基督家人、12位先知以及20个裸体人物和另外4幅圣经故事的画面。他以自身处境与周边环境的和解最终让西斯廷天顶和《创世记》融为一体。

《创世记》的绘制历时4年多，在此期间米开朗琪罗整个人完全处于抬头仰视的状态。《创世记》完成后，米开朗琪罗的身体完全累垮了，他的视力急剧下降，以至好久之后，读一封信或看一件东西时他都必须将它们举在头顶上。

在米开朗琪罗的诗集里，他曾将自己的病态作为调笑的对象：

"……
我的胡子向着天，
我的头颅弯向着肩，
胸部像头枭。
画笔上滴下的颜色，
在我脸上形成富丽的图案。
腰缩向腹部的位置，
臀部变作秤星，
维持我全身重量的均衡。
我再也看不清楚了，
走路也徒然摸索几步。
我的皮肉，
在前身拉长了，

在后背缩短了，
仿佛是一张叙利亚的弓。
……"
——选自《米开朗琪罗诗集·卷九》

为了追求完美的艺术，他过分透支着自己的健康，为艺术献出了自己的全部。米开朗琪罗终身未婚，老年时疾病缠身，茕茕孑立，在孤独与痛苦中走向寂灭。

在"文艺复兴三杰"中，米开朗琪罗最长寿，活到89岁，度过了70余年的艺术生涯。他历经人生坎坷，尝尽世态炎凉，却用毕生精力去追求完美的艺术。他的传世之作都带有戏剧般的效果、磅礴的气势和悲壮的生命力量。"为艺术而生，为艺术而死"，他用一生诠释着这个至高的艺术境界，他追求完美的艺术精神无不令人为之动容。

意大利画家 Jacopo del Conte 于1535年创作的米开朗琪罗像

拉斐尔——超凡入圣的绘画至圣

箴言

闲适是一个杯子，它完全依赖于人们倒入什么。

拉斐尔·圣齐奥（Raffaello Sanzio，1483—1520），意大利画家、建筑师，"文艺复兴三杰"之一，是古典主义的代表人物。拉斐尔逝世时年仅37岁，但他勤勉创作，给世人留下了300多幅珍贵的艺术作品。他的作品表现了当时人们最崇尚的审美趣味，成为后世古典主义者不可企及的典范。其代表作有油画《西斯廷圣母》和壁画《雅典学院》。

拉斐尔的自画像（局部），绘于1506年，现藏于意大利乌菲兹美术馆

■ 短暂的绘画人生，传奇的绘画生涯

拉斐尔是"文艺复兴三杰"中最年轻的一位。他的父亲是宫廷的二级画师，他从小随父亲学画。父亲去世后，11岁的拉斐尔进入画室当助手。21岁时，他离开故乡，独自到艺术之都佛罗伦萨去闯荡。天资聪颖的拉斐尔受到当时已成名的达·芬奇和米开朗琪罗的影响，并在此基础上形成了自己的艺术风格。

1509年，应教皇尤利乌斯二世邀请，拉斐尔奔赴罗马，进行梵蒂冈壁画的装饰工作。在宫内教皇签字大厅里，拉斐尔绘制了巨大的壁画。大厅的四壁分别以神学、哲学、法律和诗歌为主题，画成了《亚当与夏娃的原罪》《宇宙的冥想》等四组作品。天顶则充分使用金马赛克和各种代表学问的女性化形象来起装点修饰效果。《雅典学院》是其中最优秀的作品，整个画面气势磅礴、博雅精湛，人文气息浓厚。签字大厅壁画完成后，教皇又欣然将隔壁房间的壁画任务交给了他，拉斐尔于是又创作出了著名的"赫里奥多罗斯大厅壁画"。

正当拉斐尔的艺术事业处于蒸蒸日上之时，他突然得了一场急病。1520年4月6日，拉斐尔病逝于罗马，时年37岁。

健美慈爱的圣母，
善恶必陈的画圣

在拉斐尔的众多画作中，最具代表性的作品无疑是他的圣母画。拉斐尔之前的画家们受宗教神学的影响，所画的圣母苍白消瘦、僵硬呆板，一副受苦受难的模样。拉斐尔笔下的圣母则不再是一个纯粹的宗教人物，而是温良母性的化身，

拉斐尔的名作——大型油画《西斯廷圣母》，绘于1513—1514年，现藏于德国德累斯顿艺术博物馆

她年轻、端庄、丰润、健康，眉宇间洋溢着母亲的慈爱和幸福。其中，他比较有名的作品有《圣母的婚礼》《带金莺的圣母》《草地上的圣母》《花园中的圣母》《西斯廷圣母》《椅中圣母》和《阿尔巴圣母》等。

大型油画《西斯廷圣母》是拉斐尔最成功的一幅圣母像，是他怀着虔诚的心情谱写的一曲圣母赞歌。画面采用了稳定的金字塔形构图，人物形象和真人大小相仿，画面背景全部用小天使的头像组成，构思新颖独到。

拉斐尔为意大利教皇创作了大量的优秀作品，因而受到教皇的器重，但他对教会的黑暗腐败非常不满，他天性中的正直和不妥协又使得他疾恶如仇、善恶必陈。有一次，两个枢机主教对他的作品评头论足，说他把圣彼得和圣保罗两个圣徒的脸画得太红了。拉斐尔当即讥讽道："我是故意画得这么红的。两位主教大人，他们在天堂里看到你们这样的人在治理他们的教会，所以他们脸红了。"

鲁本斯——巴洛克式的绘画王子

彼得·保罗·鲁本斯（Peter Paul Rubens，1577—1640），17世纪佛兰德斯画派的中流砥柱，巴洛克风格的代表人物，是世界绘画史上重要的画家之一。他的肖像画技巧完美，引人入胜，他创作的以宗教和神话为题材的油画《复活》《爱之园》《末日审判》等，笔法洒脱自如，整体感强。

箴言

我把世界上的每一块地方都看作是我自己的故乡。

鲁本斯的自画像，绘于1623年，现藏于澳大利亚国家美术馆

■ 颠沛流离的绘画神童

鲁本斯出生于德国锡根，父亲是一名原籍比利时安特卫普的新教律师，为了逃避宗教迫害而逃到德国。鲁本斯9岁时随父母移居佛兰德斯，定居安特卫普，并在那里接受了天主教洗礼。他12岁丧父，母亲送他进一所拉丁文学校学习。14岁时，鲁本斯被送到一个伯爵夫人家里做侍童，因此有机会接受正统的贵族式教育。而孩童时期辗转两国的经历再加上聪颖的天资，也使鲁本斯掌握了多种语言。宫廷教师们很快便发现了鲁本斯的才能，甚是惊讶，从此鲁本斯"神童"的美名不胫而走。

鲁本斯的过人之处不仅仅是精通多种语言，还在于他的绘画天赋。在伯爵夫人家里，他经常将见到的面孔描绘出来并交给母亲，他画的每一个人物的举止和神态都不一样，简直是千人千状，并且个个都惟妙惟肖、栩栩如生。母亲发现他的绘画才能后，便让他师从风景画家维尔哈希特和多才多艺的画家阿达姆·凡·诺尔特，学习绘画艺术。鲁本斯在他们门下学习了4年，具备了成为画家的基本条件后又成为从罗马归来的维尼乌斯的弟子。

21岁时，鲁本斯获得安特卫普画家公会的承认，成为一名正式的画家。1600年，鲁本斯来到了意大利的威尼斯，潜心研究提香的色彩艺术和丁托列托具有生动韵律的构图及明暗法。他精心研究、临摹古代艺术精品和文艺复兴时期大师们的画作，并对当时正在兴起的意大利巴洛克艺术非常感兴趣。鲁本斯在意大利成为奥奇契的宫廷画家，并受到曼图亚大公的赏识，成为宫廷使臣去各地收集艺术珍品，这一机遇让年轻的画家得以在艺术上博采众长。

天马行空的艺术构思

鲁本斯画作中的主要内容是宗教和神话。他在基督教题材的创作中，不可避免地受到教会的制约，但在神话题材的创作中，他则自由发挥自己的艺术个性。他以世俗的人物和自然去描绘神界人物，体现他对生活的热爱和对未来的美好憧憬。他善于通过艺术形象肯定人的力量和人生的欢乐，描绘健康丰满、生机勃勃的形象和洋溢着乐观与激情的性格，去表现自己的审美理想与趣味。这类作品主要有《阿玛戎之战》《劫夺列其普的女儿》《玛丽·德·美第奇抵达马赛》《上十字架》《下十字架》《圣乔治斗恶龙》等。

《美惠三女神》

典出赫西奥德《神谱》：美惠三女神分别是代表光明的阿格莱雅、代表欢乐的优芙洛西妮以及代表花卉的塔利雅。女神位于上方饰有花环的喷泉旁边，面孔秀丽俊美，形体健壮丰满，充满生命力，体现了画家对女性美的理想。左边人物的灵感直接源于鲁本斯的现任妻子海伦娜。右边裸体女神的模特是画家记忆中的亡妻伊莎贝拉。所以在鲁本斯死后，海伦娜因为醋意想要烧掉这幅作品。最后，多亏法国枢机主教黎塞留以高价购下了这幅作品，才使此杰作免遭横祸

此外让鲁本斯享誉世界的还有他的肖像画。鲁本斯身处上流社会，为迎合上层贵族的审美要求，他笔下的妇女几乎都是贵妇人，体态丰腴，皮肤细嫩，搔首弄姿，忸怩作态，而男子都是浪荡公子一类，这在一定程度上反映了佛兰德斯贵族资产者追求享乐的生活态度和骄奢淫逸的生活情趣。此外，他的两位妻子——伊莎贝拉和海伦娜·富尔曼也是他的肖像画中常出现的人物。鲁本斯著名的肖像画有《小孩头像》《自画像》《美惠三女神》《伊莎贝拉·勃兰特》《苏姗娜·富尔曼肖像》《海伦娜·芙尔曼和她的两个孩子》等。

鲁本斯的作品多具有宏大的场面、强烈的运动感、雄健的造型和富有想象力和戏剧性情节；对比鲜明、色彩艳丽饱满，其流动的线条和激动人心的画面，给人以一种富丽堂皇、华美火热、欢腾鼓舞的艺术感受。鲁本斯从威尼斯大师们那里获得色彩造型的启迪，并在他的画作中将色彩艺术发挥得淋漓尽致，成就远在他所尊重的威尼斯画派之上。

■ 幽默风趣的外交大使

很多人都认为，但凡名人大家，便注定了一辈子孤独"高处不胜寒"。然而，鲁本斯却是一个例外。虽然自幼便颠沛他乡，但是在辗转途中，他依然能怡然自乐。他成年后一直过着贵族式的生活，与寒酸孤苦无援，这当然也得益于他的性格。生活中，鲁本斯是一个开朗外向、和蔼可亲、极富教养而又活跃健谈的人。他有着令人惊叹的旺盛精力，在绘画创作中，他从来不知疲惫，绘画创作之余还倾心于使节工作。他自身所具备的文化知识、政治能力以及作为艺术家所享有的声誉，使他在使节工作上游刃有余、应对自如。

鲁本斯的作品《鲁本斯和他的妻子伊莎贝拉》 ➡

1621—1630 年间，鲁本斯得到西班牙王室的委任，出访欧洲多国进行外交工作。他在担任荷兰驻西班牙大使期间，常在女王的花园里作画，一画就是一个下午。

一天，西班牙宫廷的一位侍臣从旁边经过时说："呦，我发现外交官有时还会用绘画来消遣。"

鲁本斯笑着回答道："不，应该说是画家有时要用外交事务来消遣才对！"

鲁本斯 49 岁时，爱妻伊莎贝拉病逝，此后 4 年他将所有精力都放在绘画创作上。53 岁时，鲁本斯邂逅了 16 岁的妙龄少女海伦娜·富尔曼，两人很快坠入爱河，不久之后便正式成婚。婚后，鲁本斯仍然过着幸福生活，这一状态在他的画作中也有所体现。他将文艺复兴时期美术的高超技巧及人文主义思想与佛兰德斯古老的民族美术传统结合起来，形成了一种热情洋溢、气势宏伟、色彩丰富、运动感强的独特风格。他是佛兰德斯画史上最璀璨的明珠，谱写了巴洛克美术的神话。法国美术史家丹纳曾说："佛兰德斯只有一个鲁本斯，正如英国只有一个莎士比亚。"

伦勃朗——透视心魂的自画像大家

箴言

眼神是人类奥妙心灵的折射。

伦勃朗·哈尔曼松·凡·莱因（Rembrandt Harmenszoon van Rijn，1606—1669），荷兰历史上最伟大的画家，也是欧洲17世纪最伟大的画家之一。伦勃朗留给世人最大的财富不单单是他数以千计的绘画作品，更是一种表现他透视心魂的特殊技术——明暗法。他的画作题材广泛，有肖像画、风景画、风俗画、宗教画、历史画等，代表作品有《木匠家庭》《夜巡》《三棵树》《浪子回头》等。

伦勃朗的名作《夜巡》，创作于1642年，现藏于荷兰阿姆斯特丹国立博物馆

■ 感性才子，潦倒画痴

伦勃朗生于荷兰莱顿，父亲是磨坊主，母亲是面包师的女儿。他天资聪颖，14岁便进入莱顿大学，17岁开始向阿姆斯特丹的历史画家拉斯特曼学画，21岁时已基本掌握油画、素描和蚀刻画技巧并形成了自己的风格。于是他回乡开画室招徒作画，期间创作了许多自画像。17世纪40年代，他经常漫步乡村，创作了许多风格质朴、反映大自然的素描和版画。50年代后，得益于叠色的应用，他的画面更加富有立体感。

伦勃朗早年得志，受人追捧。他和妻子生有4个孩子，却只有小儿子泰塔斯存活。

不久之后妻子也离世了。悲痛欲绝的伦勃朗从此痴迷创作。这时年轻的农妇韩德瑞克作为幼子的女仆走进了伦勃朗的生活。随着小女儿的降生，他们的事情也被公之于众。市民们将他们的行为定义为"通奸"，教会谴责他们的生活是"罪恶的生活"。伦勃朗从此声名狼藉。

伦勃朗晚年债务缠身，他的油画作品和蚀刻版画都鲜有人问津。1669年，伦勃朗在贫病交加中去世了，像乞丐般被葬在西教堂的一个无名墓地中。

■ 空前绝后的自画像大家

在伦勃朗的所有肖像画作品中，以自画像数量居多。在油画历史上，伦勃朗的自画像作品无论从数量上还是质量上来说都是空前绝后的。据记载，伦勃朗每年平均画两幅自画像，终其一生，自画像总数有百幅之多。

伦勃朗的自画像，创作于 1665 至 1669 年间，现藏于著名的肯伍德宅邸（Kenwood House）

从 1632 年到 1640 年是伦勃朗创作的成熟时期，其画作以宗教、风景、肖像画为主。他的肖像画突破团体肖像画呆板的程式，在构图和人物神情上处理得逼真而又生动，表现出顽强与坚毅的性格。宗教画均表现世俗内容，具有巴洛克画风。代表作有《参孙被弄瞎眼睛》《怀抱萨斯基亚的自画像》等。

1642 年是伦勃朗创作生涯的转折点。那年他接到一个民兵连的集体肖像画的定

制任务，他在画中设计了一个场景，16 个人接到了出巡命令，各自做着准备。这幅画采用强烈的明暗对比画法，用光线塑造形体，层次感强，极富戏剧性。

经历了半世的浮华变迁，伦勃朗晚年对自己有了更深刻的认识。他晚年的自画像注重脸部的内在气质，观者通过其画可以直视主人公的心魂。作于 1660 年的《自画像》，是画家在变卖家产后迁居到罗桑夫拉哈特时的一幅杰作。当时，他正在"美术品处理公司"里以一个雇员的身份搬运制成品。画中，54 岁的伦勃朗，身材微胖，缠着头巾，左手握着调色板与画笔，右手叉在腰间，一副不修边幅的样子。他默然伫立在画中，表情严肃，双眼炯炯有神，俨然一副思索

者的样子。画面使用了伦勃朗惯用的"明暗对比法"，背景淡化，突出上身，像一座岿然不动的塔雕。

伦勃朗的一生是沉重的。有人曾因为他晚年潦倒贩卖自己的画作而对他的人品有所质疑。其实不然，如果不是生活所迫，谁能轻易将自己心爱的画作拱手他人呢？伦勃朗生活的时代和社会抛弃了他，在他身上只有艺术的生命永恒地维系着他。

大卫——德艺双馨的绘画斗士

大卫的成名作《荷拉斯兄弟之誓》创作于 1784 年至 1785 年，现藏于巴黎卢浮宫

箴言

绘画不是技巧，技巧不能构成画家。

雅克·路易·大卫（Jacques Louis David，1748—1825），法国著名画家，古典主义画派的奠基人。他画风严谨，技法精工，曾做过拿破仑一世的御用画师。代表作主要有《马拉之死》《拿破仑一世加冕》《荷拉斯兄弟之誓》《萨宾妇女》等。

■ 发愤图强的绘画斗士

　　大卫出生于巴黎的一个中产阶级五金商家庭，10岁丧父，由叔父抚养长大。大卫从小酷爱绘画，他的第一位老师是当时著名的画家布歇。在布歇门下学习了6年后，大卫考入皇家绘画雕塑学院，师从教授维恩。

　　大卫生性羞涩，沉默寡言，并非人们想象中的天才，但他善于思考，勤奋刻苦，以惊人的毅力坚持学习绘画。在皇家绘画雕塑学院，大卫曾因为连续三年没有在比赛中取得名次而自杀，几乎丧命。从绝望中清醒过来之后，他又重新投入到绘画中。皇天不负有心人，1774 年，大卫从皇家绘画雕塑学院毕业不久后获得了罗马奖。次年他前往意大利钻研绘画，受古罗马和意大利文艺复兴时期的艺术影响，对古典主义产生了兴趣。时隔 6 年，他重回故国，于 1784 年成为皇家艺术院院士并因创作了《荷拉斯兄弟之誓》而一举成名。在接受古代艺术影响的同时，大卫在政治思想上也受到古罗马共和政体潜移默化的影响，萌生了反对封建专制统治的政治热情。此后，他一直为反对封建统治奔走呼告，并借用艺术形式来传达自己的政治思想，成为一位革命艺术家。

大卫的名作《马拉之死》，创作于 1793 年，现藏于比利时皇家美术馆。这幅画构图单纯明确，也没有使用繁多的色彩，方柱形的木箱在画面上占着一定的位置，像纪念碑一样，起着稳定的构图作用。大卫有意将画面的上半部分处理得单纯、深暗，以突出下半部分的客观写实表现。同时加强死者身体的下垂感和这一令人震惊愤慨的时刻给人们带来的压抑憋闷及莫大的悲痛之感

大卫自画像，创作于 1794 年，现藏于巴黎卢浮宫

■ 为死者发难——《马拉之死》

《马拉之死》是大卫最负盛名的代表作，是大卫于 1793 年为纪念被刺杀的雅各宾党人马拉而作的。

马拉是法国资产阶级革命时期雅各宾派的领导人之一。法国大革命期间，他撰写过很多抨击封建专制的文章，在当时的法国民众中享有很高的声望。为了革命工作，他常常躲在地窖里，因此染上了湿疹。为此他每天得花几小时躺在浴缸里，一边治疗，一边处理公务。一天，右翼保皇党分子夏洛蒂·柯黛以申请困难救济为名，潜入浴室，将其杀死在浴缸里。据说大卫在马拉被刺死的两小时后就赶到了现场，并被眼前的惨状所震惊。马拉的死使巴黎人民无比悲愤，他们高呼让大卫用他的画为马拉报仇。于是《马拉之死》诞生了。大卫用画笔唤起了人们单纯质朴的感情和坚贞的正义感，使马拉的形象永远活在人们心中。

康斯太布尔——恬淡安定的风景画家

箴言

我生来就是为了描绘更幸福的大地——我的古老的英格兰。

约翰·康斯太布尔（John Constable，1776—1837），英国皇家美术学院院士，19世纪英国最伟大的风景画家。他的作品真实生动地表现瞬息万变的大自然景色，其画风对后来法国风景画的革新和浪漫主义的绘画有着很大的启发作用。代表作有《干草车》《麦田画》《跳马》《斯特拉福特磨坊》《水闸》《斯托尔小景》《威文侯公园》《英国的运河》《汉浦斯戴特的荒地》《滑铁卢大桥之开放》等。

康斯太布尔绘于 1806 年的自画像

法国人发现的英国画家

康斯太布尔出生在英国的萨福克郡，这里山清水秀，林木荫郁，风景如画。钟灵毓秀的萨福克郡人才辈出，1727年，画家庚斯博罗就诞生于此，他后来成为英国皇家艺术学院的院士。时隔49年，又一位享誉画界的绘画大师出现了，他就是康斯太布尔。

康斯太布尔在萨福克郡度过了他欢乐的童年时光，大自然的神韵在他幼小的心灵扎根，使他永生不忘。后来他写信给友人约翰·费雪说："水车轮板滑落的水声、垂柳、崩塌的古堤、沾满污泥的木桩、红砖壁，我只喜欢这样的事物……我只擅长描绘我所熟悉的地方，绘画不过就是表达情感的另一种语言。我的青年时代全在史都河岸边愉快地度过，这里的一草一木，促成我成为画家……我提起画笔之前，就想将它们画下来。"

然而，作为一位卓越的风景画大师，康斯太布尔在他的祖国却长期被人忽视。他在世时，画作很少受到国人的追捧。国家画廊唯恐画家大胆的创新精神会给他们带来麻烦，所以并不接受他的画作。他去世后，伦敦国家画廊才勉强接受了由他朋友捐赠的一幅画作。

幸运的是，在康斯太布尔生前，他的画作得到了法国公众的认可。1824年，康斯太布尔听从了一位法国记者的建议，把包括《干草车》在内的4幅作品送到巴黎展出。这些撷取了自然之美，融入了饱满的情绪，运用大胆的色彩表现光的反射，记录大气与光影的变化的作品，给巴黎观众留下了深刻的印象，并使当时的法国画家为之倾倒。据说法国浪漫主义画家德拉克洛瓦在观看了这次展览后，从《干草车》一画的天空得到启示，重新修改了他的著名作品《希阿岛的屠杀》中的天空和远景。

■ 恬淡隽永的田园风景画——《干草车》

康斯太布尔的风景画清新自然，充满诗意，怡然中见得深意。他的名作《干草车》作于1820年，是对地道的英国农村风光的描绘。画中装满干草的马车载着两位农人，正在穿越清浅的小溪；一条花色斑纹的小狗站在路上向河里张望；高远的天幕上布满着变幻莫测的洁白云朵，将整个画面衬托得空阔而灵动；一所农舍安然矗立在清溪一侧，和周边的青山绿水一起装点着如诗的画作。整幅画面清新自然，弥漫着清新浓厚的乡土气息。画中运用了多种色彩，红花绿草，蓝天白云，青水碧波，各种颜色互相碰撞又相互交织，打破了古典主义画家一直用棕色、褐色所营造的凝重压抑气氛，把画面渲染得明快淡雅。而这一切是如此自然真实，没有一点矫揉造作。难怪著名诗人、画家布莱克如此赞叹这幅画："这可不是对自然的写生，这是灵感！"

《干草车》是康斯太布尔最著名的代表作。画面描绘了一辆运干草的马车，涉过一条浅溪，往林木深处的田野走去；沾满露珠的树叶，闪烁着白色的光；木栅围着的农舍，亲切朴素

安格尔——清高绝俗的古典画家

箴言

希腊人就是自然；拉斐尔之所以是拉斐尔，就是因为他比别人更了解自然。

让·奥古斯特·多米尼克·安格尔（Jean-Auguste-Dominique Ingres，1780—1867），法国画家，19世纪法国新古典主义画派最后的代表人物。他的主要作品有《土耳其浴女》《泉》《路易十三世的宣誓》《奥德利斯克与奴隶》以及一系列肖像画和大量的素描，还有类似中国画中白描技法的只用线条勾勒轮廓的作品。

安格尔24岁时的自画像

■ 从绘画学徒到古典大家

安格尔出生于法国蒙托邦，父亲约瑟夫·安格尔是皇家美术院院士。受父亲的影响，安格尔从小就对绘画产生了浓厚的兴趣，11岁时便进入法国图卢兹美术学院学习。在图卢兹美术学院，基本功扎实，造型能力突出的安格尔学习认真刻苦，17岁时投入大卫门下学习，不久便成为知名画家。安格尔追求直率而纯洁的原始风格，把宗教画当作心爱的体裁，他于1824年在巴黎开办了自己的学校，致力于教授热爱原始风格的青年，这一举动吸引了不少追求原始主义的青年。

1834—1841年，安格尔奔赴罗马，深入研究了文艺复兴时期意大利古典大师们的作品，尤其推崇拉斐尔。安格尔在描摹古典大师的作品时，并不是生硬地照搬他们的样式，而是善于把握古典艺术的造型美，并把这种造型美融入自然之中。他从古典美中得到一种简练而纯粹的风格，并始终以温克尔曼的"静穆的伟大，崇高的单纯"作为自己的原则。安格尔凭借自己独特的绘画风格成为法国新古典主义的代表。而当时浪漫主义画派正在法国兴起，并形成风靡之势。安格尔代表的古典主义画派，与浪漫主义画派形成尖锐的学派对立。

■ 灵秀自然的美慧化身——《泉》

如果说大卫描绘的是男性的体格和力量，那么安格尔描绘的就是女性的柔姿和圣洁。安格尔倾其一生寻找自然灵秀的"永恒的美"，并将其作为毕生的艺术追求。他创作过很多裸体素描，一直期望能将古典美与女性人体美巧妙地结合在一起。直到76岁时，他才找到了两者的完美契合点，创作出了巅峰之作《泉》。

安格尔最初在心中构思的"泉"，是仿效意大利大师们所画的维纳斯的形象。他早在1807年便画过一些这样的草图，后来不满足于前人已画过的维纳斯的样式，企图使形象更单纯化，便开始着手酝酿《泉》的形象了。事实上，从创作《泉》这一作品的想法产生到最终完成，历时四十余年。倾注了灵魂的艺术作品，其美必定是永恒的。安格尔用四十多年实现了寻找"永恒美"这一理想。

《泉》美在灵秀自然，纯真无邪，它向人们展示了美的恬静、抒情和纯洁。一位评论家在参观了《泉》后说："这位少女是画家衰年艺术的产儿，她的美姿已超出了所有女性，她集中了她们各自的美于一身，形象更富生气也更理想化了。"

1857年，《泉》被迪麦泰尔伯爵收购，成为私人收藏画品。后根据这位伯爵的遗嘱，他的家属于1878年将此画赠给国家，成为巴黎卢浮宫内又一镇馆之宝。

安格尔的名作《泉》

马奈——雅洁与绚丽融合的印象派领袖

艺术中的简练是一种必要与雅洁，烦琐的画家令人生厌。

爱德华·马奈的肖像照，由纳达尔摄

爱德华·马奈（Edouard Manet, 1832—1883），19世纪法国印象主义的奠基人之一。他具有革新精神的艺术创作态度，深深影响了莫奈、塞尚、凡·高等一批新兴画家，进而将绘画带入现代主义的道路上。受到日本浮世绘及西班牙画风的影响，马奈大胆采用鲜明色彩，舍弃传统绘画的中间色调，将绘画从追求三维立体空间的传统束缚中解放出来，朝二维的平面创作迈出革命性的一大步，也因此受到学院派的歧视。代表作有《草地上的午餐》《奥林匹亚》《吹短笛的男孩》等。

■ 姗姗来迟的殊荣

马奈生于法国巴黎一个富裕的法官家庭。由于家庭条件的优越，马奈得以接受先进的教育，并认识到独立自由的重要性。因此马奈从小就热情奔放，不受拘束。父亲希望孩子继承他的事业或成为一位海军军官，于是在16岁那年，马奈迫于父亲的压力，成为往返于巴黎和巴西两地的一艘轮船上的见习水手。旅途中大自然的魅力触发了他那用色彩和线条描绘自然美的激情。18岁时，马奈离开轮船，毅然走进巴黎古典主义画家托马斯·库图尔的画室。在这里他潜心学习了6年，练就了扎实的造型功力。但马奈热衷于追求自由的绘画形式，不满于古典主义僵化、古板的绘画套路。他说："每当我走进画室，总觉得好像是走进了坟墓一样。"因此在这一时期，他常到卢浮宫观摩历代大师作品，并游历欧洲各国，以独立自主的见解获取了在画室中难以得到的清新厚实的艺术修养。

厚积才能薄发，29岁时，马奈在学院派沙龙展出《西班牙吉他演奏者》，开始在巴黎画坛上崭露头角。然而两年后，他的另一幅作品《草地上的午餐》却落选了。但此画得到许多年轻画家的认可，于是他们自发成立落选者沙龙并公开展出了《草地上的午餐》。此画一经展出，立即在巴黎掀起了一场轩然大波。《草地上的午餐》直接表现世俗世界，让全裸的女子和衣冠楚楚的绅士坐在一起，无论画法技巧还是画作内容都与当时在画界占统治地位的学院派主张背道而驰。各种舆论攻击扑面而来，据说拿破仑三世看到此画后甚至气得想拿皮鞭抽打它。

1865—1866年，落选沙龙又先后展出了马奈的《奥林匹亚》和《吹短笛的男孩》。其中《奥林匹亚》以其

离经叛道的艺术形式再次轰动了整个巴黎。马奈再次遭到评论界和新闻界的猛烈攻击，甚至被咒骂为"无耻到了极点"。而在一片咒骂声中，以左拉为首的进步作家和青年画家们则为马奈喝彩。左拉说："马奈将在卢浮宫占一席地位。"

1882年落选沙龙展出了马奈生前最后一幅作品《福利·贝热尔的吧台》。这次却得到了巴黎民众的普遍认可，官方授予他"荣誉团勋章"。然而在他获得这份殊荣时已是病入膏肓了，他不禁感慨道："这实在来得太晚了。"次年4月，马奈永远告别了这个世界。

马奈的名作《草地上的午餐》，创作于1863年，现藏于巴黎奥赛博物馆

罗丹——寻找真美的现实主义雕塑家

中年时期的罗丹

罗丹（Auguste Rodin，1840—1917），法国杰出的现实主义雕塑家。他深入研究多那太罗、吉贝尔蒂和米开朗琪罗等大师的作品，摆脱学院派的桎梏，从而树立现实主义的创作方法，对雕塑做了根本性的变革——以雕塑家个人的认识和深切的感受作为创作的基点，用丰富多彩的绘画手法，塑造有生命力的艺术形象，并赋予其深刻的心理内涵和社会意义。罗丹一生作品良多，对世界雕塑的发展产生了重大影响。代表作品有《青铜时代》《地狱之门》《加莱义民》《雨果》《巴尔扎克》《思想者》《吻》和《夏娃》等。

箴言

生命之泉，是由心中飞涌的；生命之花，是自内而外开放的。同样，在美丽的雕刻中，常潜伏着强烈的内心的颤动。这是古代艺术的秘密。

■ 寻找真美，大任于斯

罗丹生于法国一个贫穷的基督教家庭，父亲是一名警务信使，母亲是一位平民妇女。父亲重视对罗丹的教育，可是罗丹只对美术感兴趣，除了美术功课其他功课都很糟糕。在姐姐玛丽的支持下，失望的父亲只好将他送进巴黎美术工艺学校。在这里他遇到了终生敬仰的启蒙老师荷拉斯·勒考克。勒考克鼓励罗丹忠实于真正的艺术感觉，而不要按照学院派的教条去循规蹈矩。在勒考克的影响下，罗丹在学画时非常注重用艺术真实地表现内心。

由于家境贫寒，父母无力支付罗丹的食宿费用，于是姐姐外出工作，用她微薄的薪资支持罗丹，因此罗丹从小就十分敬爱姐姐。后来因为买不起油画颜料，罗丹转到了雕塑班，并从此爱上了雕塑。后经勒考克介绍，罗丹转投当时著名的动物雕塑家巴里门下学习雕塑，打下了扎实的雕刻基础。3年后，已经掌握了基本绘画技巧的罗丹准备投考巴黎美术学院，但遗憾的是罗丹却连续两年落选。第三年投考时，一个年迈的考官竟在罗丹的名字旁边写上："此生毫无才能，继续报考，纯系浪费。"就这样，未来的欧洲雕刻巨匠被巴黎美术学院永远拒之门外。

就在罗丹沉浸在三次落选的痛苦中时，打击接踵而至，他敬爱的姐姐因为失恋进入修道院，并在两年后因病去世。求学无门，至亲离世，罗丹的精神在这双重打击下彻底崩溃了。他离开学校，也走进修道院，成了一名修道士。但是罗丹的内心仍源源不断地供给他强烈的创造欲望，并最终成为一股难以遏制的火焰。这股熊熊燃烧着的火焰使罗丹的内心长时间处于煎熬与矛盾中，时常游走在禁欲主义和自由主义之间。

善良明达的修道院院长埃玛尔从罗丹受压抑的表情上看出了他的心思。他为罗丹创造了绘画和雕刻机会，并在发现罗丹的才华后劝他"用艺术为上帝服务"。在埃玛尔的支持下，罗丹重新回到勒考克身边，开始了一边工作一边自学的雕塑生涯。

在罗丹的眼中，"真"就是"美"，一切艺术品如能透过外形触及其内在的"真"，都是美的艺术品。因此在罗丹雇不起模特时，就请塌鼻的乞丐毕比给他当模特。毕比乌面鹄形，丑陋不堪，但却让罗丹从他的脸上看到了人类所共有的愁苦和凄凉，也使他想到了那位辛苦一生却又孤独一生的雕塑大师米开朗琪罗。这幅以乞丐为模特创作的雕塑被命名为《塌鼻男人》，成功地向人们展示了人类心灵所遭受的灾难，融入了罗丹内心对美的深刻体验并成为一种强有力的语言，向世人阐释了美的真谛。

■ 绝处逢生，柳暗花明

美妙的想法常常来源于生活中的不经意。罗丹也曾因一次意外而创作了举世震惊的雨果雕像。陈列在巴黎王宫花园里的雨果右手撑着太阳穴，半卧在一摊"污泥"之中，凝眸静思，表情庄重。

罗丹的名作《青铜时代》

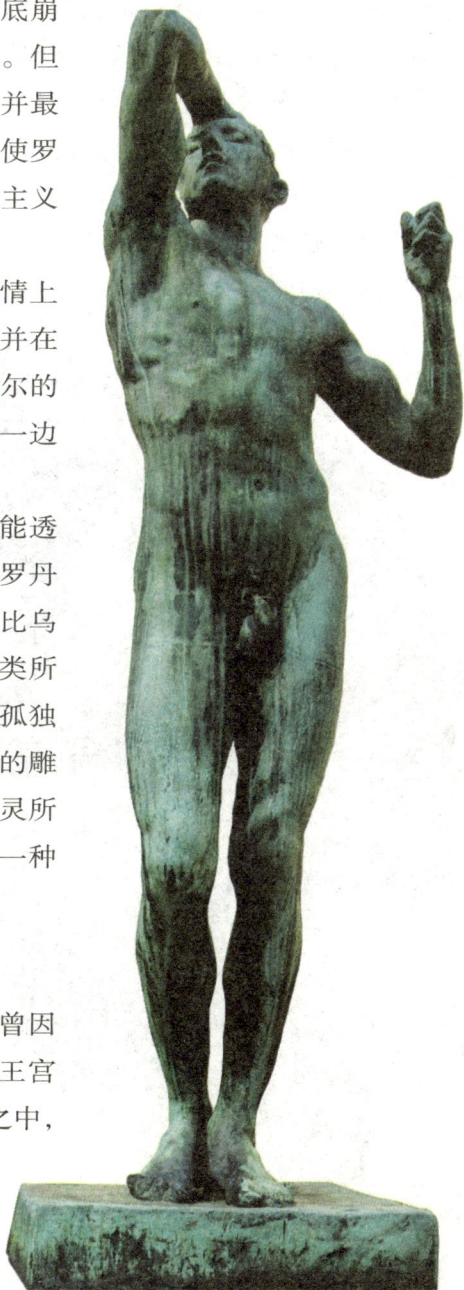

当初罗丹为创作雨果塑像煞费苦心，他以千姿百态的缪斯和海洋仙女做陪衬，烘托站立在中央岩石顶部凝神思索的雨果。塑像完成后，罗丹满意地端详着自己的作品，揩去手上的泥巴，脱去工作服，小心翼翼地关上工作间房门休息去了。

第二天一早，一大群新闻记者找上门来，要求看看大师的新作，想要抢先报道雨果塑像完成的消息。

罗丹把他们领到工作间，推开门一看，一幕可怕的情景出现在眼前：岩石溶化了，流淌在海洋仙女身上，雨果躺倒在一片泥浆之中。原来，塑像是用胶泥做成的，罗丹前一天工作结束之后，忘了关上天窗，夜里一阵瓢泼大雨从敞开的天窗里打进来，正好浇在塑像上。

罗丹像遭到致命一击，一下子愣在那里。然而他身边却传来阵阵赞叹声："太奇特啦！""真是出奇制胜！""妙极啦！""维克多·雨果淹没在这摊烂泥浆里，含义多深奥啊！""大师，这正是画龙点睛的地方，您是想表现在这个污秽混浊的时代里，唯有诗人维克多·雨果的灵魂出淤泥而不染，保持着特有的高洁吧。"

罗丹眯起眼睛，审视着这件似曾相识的作品：仙女身上的泥浆变成了婆娑的纱绢；倒在泥浆里的雨果形象却显得更加高大起来……

他突然问那个最后的赞扬者："您是这样看的吗？"

"当然，这是杰作中的杰作。噢，大师，这已经是一笔多不得，一笔少不得的作品，不需再做丝毫的改动。"

罗丹简直不敢想象，一个意外，竟然成就了一件寓意深刻的传世杰作。

罗丹的名作《思想者》

莫奈——印象派先驱

箴言

> 人们谈论我的艺术并假装理解它，好像它是必须被理解似的，其实它只需要爱。

◄ 莫奈的肖像照，由著名摄影师纳达尔摄于 1899 年

○ 克劳德·莫奈（Claude Monet，1840—1926），法国画家，印象派代表人物和创始人。莫奈是法国最重要的画家之一，印象派的理论和实践大部分都有他的推广。代表作品有《日出·印象》《鲁昂大教堂》《睡莲》《维特尼附近的罂粟花》等。

■ 从漫画儿童到印象派大师

莫奈生于法国巴黎，父亲是法国北部港口勒阿弗尔的一位商人，莫奈幼年随母亲生活，5 岁时才来到父亲身边。在学校里，莫奈常常以绘画打发时光，老师和同学是他儿时漫画里经常出现的人物。虽然父母对此极力反对，但小莫奈却乐此不疲。几年后，由于小莫奈的坚持不懈和与生俱来的禀赋，他的漫画作品开始展出并出售。15 岁时，莫奈在当地已小有名气。

后来经画商介绍，莫奈结识了风景画家布丹，并在他的影响下开始根据自己对自然保留的最初印象描绘其淳朴的美。自

1858 年起，莫奈开始从布丹那里接受关于印象派的最初理论，注重对光和所描绘对象的第一印象。在此期间，莫奈创作了一些与海港和日出有关的作品。1859 年，他在布丹的劝说下回到了巴黎，并在次年秋天征兵的抽签中抽到了服兵役。1862 年初，莫奈因为贫血，从军营回到勒阿弗尔家里养病。这时他认识了荷兰画家琼康，并与琼康、布丹一起从事创作。布丹作画的纤细，琼康对动感的重视，以及二人注意捕捉第一印象的画风，都给这位初出茅庐的画家留下了深刻的印象。

1866年,莫奈以恋人卡美伊为模特,创作了全身大幅肖像画《绿衣女》。此画一经展出,立即赢得了一致好评,有的画商甚至要求莫奈根据原件再复制一件送到美国去。1872年,莫奈又创作了后来闻名于世的《日出·印象》,该画在展出之初曾引起巨大争议。有人将此次展览会称为"印象主义的展览会",并公然撰文嘲讽道:"糊墙花纸也比这海景更完整。"自此印象派这一称号便不胫而走。

莫奈对水有着特殊的感情。他曾在塞纳河上建造船上画室,并在移居席芬尼后引溪水筑池。他一生创作过许多与水有关的画作,如《日出·印象》《睡莲》《阿尔让特伊大桥》等。他善于运用不同方向、角度的光照和颤动的空气来描绘水及水面上的景物,通过鲜明的轮廓、阴影以及闪动的亮点来表现对所观察到的事物的第一印象。

■ "变节"的印象派画家

莫奈的家境并不算贫寒，父亲在勒阿弗尔从商，收入不菲。然而莫奈却因不被父亲接受的婚姻而失去了父亲的资助，生活常陷入窘境。在创作了《庭院里的女人》之后，莫奈与妻子卡美伊的第一个孩子出生，没有经济来源的他，只能靠借钱度日。他曾给好友巴齐耶写信道："由于雷诺阿送来的面包，才没有饿死。一个星期屋里没有炉火、没有照明。到了月底，颜料用光，我不得不停止了作画。"而这时巴齐耶和雷诺阿的境遇也很糟糕，对于身处困境的莫奈也是爱莫能助。后来，经画家杜比尼介绍，莫奈认识了画商丢朗·吕厄，并在经济上得到此人的资助。

1875 年，莫奈在经济上再次跌入窘境，于是他给马奈写信求援："从前天起，已身无分文，肉铺和面包房都不再赊账。你能够寄给我 20 法郎吗？"1876 年，莫奈在第二次联合展览会上展出了 18 幅作品，没有引起社会的关注。但他的油画《穿和服的女子》却以 2000 法郎的高价售出。次年，丢朗·吕厄在其画店中举行了第三次联合展览会，展出莫奈作品 30 件。为了维持生计，画家以每幅四五十法郎的低价，将一部分作品出售给了画商肖凯。

这样的窘境在两年后再次重演，他在写给左拉的信中说："家中无法生火，妻子又在病中，昨天我跑了一天也未借到钱。如果明晚我付不出 600 法郎，我们将被赶到街上。"在生活的重压下，莫奈不得不再次出售自己的作品。

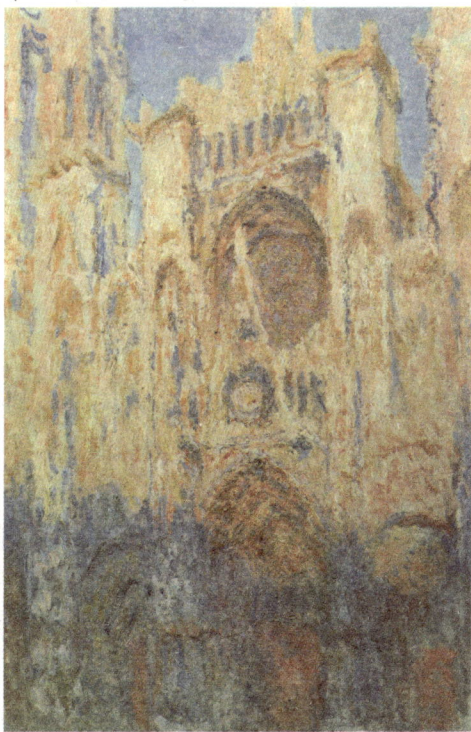

莫奈的名作《鲁昂大教堂》，创作于 1892—1894 年，现藏于巴黎马蒙坦美术馆

莫奈晚年为了改变生活境遇，曾向反对印象派的沙龙妥协。有人因此嘲讽莫奈为"变节的印象派画家"。莫奈用一生探索并实践了印象派的绘画理念，并为此付出了巨大的代价，当然这样的评价自然有失公允。如今他的艺术成就早已得到人们的认可，他本人也早已赢得世人的尊重。

凡·高——物我合一的印象派悲剧大师

箴言

我的作品就是我的肉体和灵魂，为了它，我甘冒失去生命和理智的危险。

文森特·威廉·凡·高（Vincent Willem van Gogh，1853—1890），荷兰19世纪的伟大画家，表现主义的先驱，后印象派三大巨匠之一。他的艺术，是心灵的表现。为了能更充分地表现内在的情感，他探索出一种所谓表现主义的绘画语言。在他的画中，浓重明亮的色彩对比往往达到极限。著名作品有自画像系列、向日葵系列、《星空》《吃土豆的人》《夜间咖啡馆》等。

茕病人生，心灵画魂

凡·高出生在荷兰北部布拉邦特省的一座小镇，父亲是一位牧师。笃信宗教的父母希望儿子继承父业，但凡·高秉性孤僻，急躁易怒，并不适合这一职业。父亲只好将他送到邻近城镇的一所寄宿学校上学。

凡·高16岁时，成了美术商行的一名小职员。由于诚实、勤奋，他很快得到晋升，被派往伦敦。在伦敦，他对房东太太的女儿一见钟情，但姑娘并不喜欢相貌丑陋、性格古怪的凡·高，用冷语和讪笑答复了他深情款款的表白。求爱失败后，凡·高又因为精神异常被工作了6年的商行解雇。

在经历了生活和爱情的挫折后，凡·高黯然离开伦敦。几番辗转之后，他决定投身绘画创作。由于没有绘画基础，凡·高只能从素描着手，而后临摹名家画

凡·高的名作《星空》（局部），创作于1889年，现藏于纽约现代艺术博物馆

作，并逐渐开始水彩和油画的独立创作，后来又在巴黎结识了印象派和新印象派画家，并接触到日本浮世绘版画。视野的扩展使凡·高的画风由沉闷、昏暗变为简洁、明亮。1888 年凡·高组织了一个画家社团，高更应邀前往，不久却因与凡·高性格不合而终止合作。之后，凡·高的癫痫病（一说是疯病）时常发作，但神志清醒时他仍坚持作画。1890 年 7 月，他在精神错乱中开枪自杀，年仅 37 岁。

凡·高在其短暂而又悲剧的一生中留下大量震撼人心的杰作。他的艺术，是心灵和自然交融的结晶。他视天地万物为不可分割的整体，视自然景观为人世间最美的艺术。他陶醉其中，物我两忘。

■ 永恒的印象派大师——自画像系列

凡·高的自画像系列虽非他最负盛名的作品，但却是他悲剧人生的真实记载。在他的自画像中，人们可看到一双充满精神力量的眼睛，时而赞颂旺盛的生命力，时而控诉人世的罪恶。在这其中，一幅右耳缠着一块白色纱布的画像最令人震撼。

有一种猜测认为此事和高更有关。高更加入画家社团后，不断嘲讽、揶揄凡·高的绘画，并经常取笑他的情场失意，两人为此常常争吵不休。

有一次，高更怂恿凡·高去逛妓院。他预先买通一个妓女，要她当众侮辱凡·高。那女人对凡·高说："如果你给我 5 法郎，我就好好接待你，否则我要你的大耳朵做圣诞礼物。"

凡·高喝得半醉回到家中，又想起妓女的话，盛怒之下抓起一把利刀割下自己的右耳，并将割下的耳朵包在一块画布里派人送到妓院。那女人见到血淋淋的耳朵吓得昏了过去，凡·高也因失血过多被送进医院，从此失去了一只耳朵。

多数人将凡·高的自残行为归咎于他的癫痫病，然而其中真正的原委也许并非这么简单。后人也仅能从凡·高生前的一些事迹推断出一二。

凡·高生前，他的画作几乎无人问津，终其一生也只卖出过一幅作品。然而他在去世之后却声名鹊起，一跃成为举世闻名的艺术大师，画作也变得价值连城，真是世事弄人啊！

▲ 凡·高的两幅自画像

毕加索——硕果累累的百变画才

箴言

每个孩子都是艺术家，问题在于你长大成人之后是否能够继续保持艺术家的灵性。

巴勃罗·毕加索（Pablo Ruiz Picasso，1881—1973），西班牙画家、雕塑家。法国共产党党员。现代艺术的创始人，西方现代派绘画的主要代表。他一生留下了数量惊人的作品，风格丰富多变，充满非凡的创造性。代表作品有《亚威农少女》《卡思维勒像》《瓶子、玻璃杯和小提琴》《格尔尼卡》《梦》等。

毕加索玫瑰时期的作品《拿着烟斗的男孩》，2004 年 5 月 5 日，这幅画在纽约苏富比拍卖会上以 1 亿零 416 万 8 千美金的天价成交

■ 绘画天才的尴尬算数

毕加索出生于西班牙马拉加，自幼就有着非凡的艺术才能。他喜欢剪纸，并且无师自通，普通的纸片经过他灵巧的双手竟能变成千姿百态、惟妙惟肖的动物；他热爱绘画，时常创作出一些令人惊讶的绘画作品。他 8 岁时就独立创作出油画作品《斗牛士》，13 岁时就展出了自己的作品。左邻右舍对此赞叹不已，都称他为天才。

然而，这位"绘画天才"却不是一个优秀的学生。上课对他来说简直就是折磨，听课时他不是漫无边际地幻想，就是看着窗外的大树和鸟儿发呆。毕加索成了同学们捉弄的对象，他们常常跑到他课桌前问他："毕加索，二加一等于几？"毕加索茫然的样子常常惹得同学哈哈大笑。

算术老师对上课经常发呆的毕加索也很无奈，他常在毕加索的父母面前添油加醋地描述毕加索的"痴呆"。毕加索的母亲听了觉得无脸见人，而身为美术教师的父亲则坚信算术不通的儿子在绘画方面有着过人之处，而这方面的才能同样应该得到他人的认可和赏识。他常常对儿子说："不会算术并不代表你一无是处，你依然是个绘画天才。"小毕加索看着父亲坚毅的面孔，找回了一些自信。

在学校，关禁闭已成了毕加索的家常便饭。而毕加索却很乐意被关禁闭，因为每次被关禁闭他都可以带上一叠纸，在禁闭室自由绘画。在父亲的支持和帮助下，毕加索在绘画的天地里找到了快乐和自信。后来毕加索进入美术学院接受专业的美术训练，并成为享誉世界的绘画天才。

■ 永恒的格尔尼卡

1937年初，毕加索接受委托，为巴黎世界博览会的西班牙馆创作一幅装饰壁画。在构思期间——1937年4月26日，德国空军疯狂地轰炸了西班牙北部巴克斯重镇格尔尼卡。德军三个小时的轰炸，使格尔尼卡化为平地，令很多无辜的平民蒙难。德军的这一暴行激起了国际舆论的谴责。义愤填膺的毕加索决定就以这一事件作为壁画的题材，以表达自己对战争罪犯的抗议和对这次事件中死去的人的哀悼。于是，《格尔尼卡》诞生了。

如今，这幅杰作已成为警示战争灾难的文化符号之一，也使格尔尼卡的悲剧永远留在了人类伤痕累累的记忆中。

■ 发现艺术的百变画才

作为西方20世纪最具创造性和影响力的艺术家之一，毕加索和他的画在世界艺术史上的地位是不可替代的。毕加索是位多产的画家，据统计，他的作品总计近37000件，其中油画1885幅，素描7089幅，版画20000幅，平版画6121幅。除油画、素描、平版画外，还有雕刻、陶器、舞台服装等造型艺术作品。

他的艺术风格多种多样，或激昂或狂躁，或亲切或可憎，或通俗或典雅，变化无常而又不可捉摸，但他永远保持着自己粗犷刚劲的个性并忠于自由，坚持使所有的绘画作品达到内容与形式的和谐统一。从来没有一位画家像毕加索那样以一颗诚挚的赤子之心和天真无邪的创造力，毫无顾忌地探索、发现艺术。他的艺术历程毫无规律可循，从自然主义到表现主义，从古典主义到浪漫主义，从浪漫主义到现实主义，从平面主义到立体主义，从具象到抽象，一切艺术形式他都敢尝试，所有神圣看法他都敢反对，只有绝对的自由才是他终生的艺术追求。

毕加索还创立了立体画派，为艺术史添上了浓墨重彩的一笔，人们称他为"人类艺术史上罕见的天才"。

第二节 音乐

巴赫——遇见心灵的音乐之父

箴言

谁像我一样努力，谁就有我这样的成就！

1748 年时的巴赫

约翰·塞巴斯蒂安·巴赫（Johann Sebastian Bach，1685—1750），德国音乐家，巴赫家族最著名的成员，是成功地把西欧不同民族的音乐风格浑然融为一体的开山大师。他萃聚意大利、法国和德国传统音乐中的精华，曲尽其妙，并将其融合得天衣无缝。他被誉为"欧洲近代音乐之父"。代表作有著名的《勃兰登堡协奏曲》《马太受难曲》《b 小调弥撒曲》等。

■ "江山代有才人出"的音乐世家

约翰·塞巴斯蒂安·巴赫是历史上最著名的音乐家之一。而当时人们熟知的巴赫却是指他的几个儿子——"伦敦巴赫"约翰·克里斯蒂安、"柏林巴赫"卡尔·菲利普·埃马努埃尔以及"比克堡巴赫"约翰·克里斯托夫·弗雷德里希等。其实巴赫家族是音乐史上罕见的音乐世家。据《新格罗夫音乐与音乐家词典》记载，在三百多年间（16~18 世纪）巴赫家族就有 75 位成员以演奏音乐为生，其中有 53 位任管风琴师、唱诗班领班或市镇乐师。巴赫的曾祖父约翰·内斯·巴赫为地毯编织工，擅长小提琴演奏，时人称之为"演奏者"。祖父约翰·巴赫是巴赫家族中的第一位作曲家。巴赫的父亲和叔伯以及堂兄弟姐妹在当时都是名震一方的音乐师。巴赫 10 个长大成人的子女中有 5 个成为专业作曲家。其家族可谓是"江山代有才人出"。

巴赫从孩提时代起，就从这个古老的吹奏乐师家庭中汲取养分，父亲是他的小提琴启蒙老师。在他 10 岁时，父亲去世，哥哥把巴赫带到奥尔德鲁夫城。在那里他一边上学，一边跟哥哥学习管风琴。

1700 年，15 岁的巴赫只身来到吕内堡，少年巴赫凭借美妙的歌喉，灵巧的小提琴、古钢琴、管风琴演奏技艺，被该地圣·米歇尔教堂附属的"优秀歌手合唱团"录取。巴赫在策雷宫廷当临时乐师时，接触到了法国古钢琴的演奏艺术，开始全身心研究那里收藏的德国和意大利音乐家手稿。巴赫顽强的性格、执着的毅力和刻苦求学的精神，为其日后的音乐创作打下坚实的基础。

■ 高山流水，琴歌相和

巴赫一生中有过两任妻子，一任是和他青梅竹马的堂妹玛利亚·芭芭拉·巴赫，第二任是和他携手半世的女歌唱家安娜·玛格达蕾娜·维克尔。

玛利亚与巴赫结婚后，成为一位持家有道的贤内助，"她具有很好的音乐天赋，贤淑亲切，对于丈夫的作品，能从心底产生共鸣"。然而巴赫与玛利亚的幸福生活并不长久。1720 年巴赫正担任克滕宫廷乐队的队长，时年 5 月，他随公爵外出旅行，回来后却得到妻子去世的噩耗。巴赫一度沉浸在丧失爱妻的巨大悲痛和深深的愧疚中，为了纪念妻子，他时常独自走到妻子墓前，弹奏他的《马太受难曲》。

不久，巴赫又邂逅了才华横溢的女歌唱家安娜·玛格达蕾娜·维克尔。两人很快坠入爱河，并于 1721 年 12 月结为夫妻。安娜成为巴赫真正

1 号小提琴奏鸣曲 G 小调，巴赫的手写稿

的知音与爱人，她不仅治家有方，而且能唱能弹。她为巴赫抄的乐谱，笔迹十分娟秀。高山流水、琴歌相和，他们拥有共同的事业、共同的理想，简直是天造地设的一对。安娜的出现也大大激发了巴赫的创作才思。安娜既是他唯一的知音，又是他亲密的爱人。

■ 遇见心灵的时代安魂曲

巴洛克音乐曾在欧洲大地风靡一时。但随着欧洲资产阶级启蒙运动的兴起和早期维也纳古典音乐的诞生，巴洛克音乐被新的潮流所淹没，渐渐被人们遗忘。巴赫作为巴洛克音乐的代表人物，自然不能幸免。在他去世后的近百年间，他的名字几乎退出了音乐的历史舞台。

1802 年德国音乐学家福尔克出版了一部巴赫传记，1829 年门德尔松重新挖掘、演绎了巴赫被人遗忘的《马太受难曲》。音乐界沸腾了，人们惊叹，这位伟大的音乐家竟被历史掩埋了上百年。

"真""善""美"是艺术审美领域中三个重要的审美范畴。真善美的最高境界是"获得内心世界的坚定和持久的灵魂的宁静"。巴赫的音乐中就有着一种优雅的宁静，能够让人们获得真善美的至高体验。他身处黑暗时代，历经人世沧桑，却让音乐遇见了真实的内心世界。《马太受难曲》《b 小调弥撒曲》是那个时代的安魂曲。

在德语里，巴赫（BACH）是小溪、涓涓细流的意思，然而他的音乐却像气势磅礴的莱茵河一样。他扎根于传统文化与民族音乐的沃土，打破了宗教音乐的局限，建构起理性的音乐大厦，给整个人类展示了一个纯美的心灵家园。他的音乐影响了几个世纪的音乐家。18 世纪古典派大师莫扎特在晚期创作中明显汲取了巴赫复调音乐的精神和手法。贝多芬在音乐的逻辑性上直接继承并发扬了巴赫的成就。19 世纪浪漫音乐家舒曼、门德尔松、肖邦等，也从巴赫的音乐中汲取灵感。巴赫的作曲超乎时空，解除了音乐在时空上的限制，被后人千古传唱。

德国莱比锡圣多马教堂前的巴赫雕像

海顿——交响乐之父

海顿（Franz Joseph Haydn，1732—1809），世界音乐史上影响巨大的重要作曲家，维也纳古典乐派的第一位代表人物，一位颇具创造精神的作曲家。对古典音乐的主要贡献是交响曲和四重奏，对交响曲体裁的形成和完善做出了巨大贡献，被人们称为"交响乐之父"。他的作品体裁多样，包括歌剧、神剧、清唱剧、交响曲、器乐协奏曲、弦乐四重奏以及其他室内乐作品。最有代表性的作品有《四季》《惊愕交响曲》《时钟交响曲》，清唱剧《创世纪》和《皇帝四重奏》等。

另外，海顿还是德国国歌《德意志之歌》的曲作者呢。

艰难的成才之路

海顿出生在奥地利南方风景秀丽的罗劳村，家境贫寒，父亲是位马车制造匠，母亲是位厨娘，但都热爱音乐。海顿受父母影响，从小就对音乐产生了浓厚兴趣。为了学习音乐，海顿6岁就离开父母来到艺术之都维也纳。

海顿天生一副好嗓音，8岁时被著名的维也纳圣斯蒂芬教堂唱诗班选中。在这里，他开始系统地学习音乐理论知识，并凭借聪颖的天资和刻苦的学习，很快掌握了歌唱和钢琴演奏的技巧。16岁时，青春期的海顿开始变声，美妙悦耳的童声被雄浑高亢的嗓音所取代。

一天，奥地利女王慕名来到圣斯蒂芬教堂欣赏唱诗班的合唱。美妙的歌声让女王如痴如醉。当唱诗班唱到高潮部分时，突然从合唱里传出一个极不和谐的声音。女皇皱着眉头说："这个孩子的声音听起来就像乌鸦叫！"从此，海顿结束了他的唱诗生涯，被迫流落街头，靠拉琴卖艺度日。

箴言

艺术的真正意义在于使人幸福，使人得到鼓舞和力量。

此后的10年，海顿一直过着艰苦的生活。他当过仆人，擦过皮鞋，做过家庭教师，替剧院写过歌剧，担任过大提琴手。生活的艰辛并没使海顿的学习欲望减弱。10年当中，他从未停止过学习。通过学习，他的音乐造诣渐高，音乐才能也逐渐得到认可。海顿27岁时获得保尔·艾斯特哈齐公爵的青睐，被他任命为乐队的队长，海顿在此任职达30年之久。

别开生面的告别

海顿在保尔·艾斯特哈齐公爵府邸任职时，领导着一支由30名乐手组成的乐队。

有一次，公爵由于财政问题决定遣散这支乐队。这就意味着海顿和30名乐手将要失去饭碗。乐手们得知后心慌意乱，不知所措。

海顿心想：既然公爵已经做出决定，想靠央求让他改变主意是行不通的。他突然灵光一闪，提笔谱出了一首《告别曲》，准备拿到遣散会上，作为一次独特的告别演出。

这是最后一次为公爵演出，遣散决定已经宣布，乐手们万念俱灰。但看在公爵平日里待他们不薄的情分上，他们还是很用心地演奏起来。

乐曲开始时欢快、优美、轻松怡然，将乐手与公爵的深厚友谊表达得淋漓尽致。公爵不由得感动起来。慢慢地，乐曲由明快转为平缓，又由平缓转为黯淡，悲怆的情绪像秋天的浓雾般在大厅里弥漫开来。

这时，一名乐手停了下来，吹灭了乐谱架上的蜡烛，站起身来向公爵深深地鞠了一躬，然后悄悄地离开。接着，又一名乐手以同样的方式离开……乐手们一个接一个地离开了演奏厅。最后，空荡荡的大厅里只剩下了海顿一人，旁边一支蜡烛在黑暗中静静地闪烁着。

海顿停止了指挥，默默地朝公爵深深鞠了一躬，慢慢地转过身去也要离开。

这时，公爵的情绪已达到了顶点，再也忍不住了，大叫起来："海顿，这是怎么回事？"

海顿平静而又诚挚地回答："尊敬的公爵大人，这是乐队的全体同仁在向您作最后的告别。"公爵恍然大悟，几乎流出眼泪说："啊！不！请让我再考虑一下。"

就这样，海顿和 30 名乐手，靠《告别曲》的演出使公爵将他们留了下来。

托马斯·哈代创作的海顿肖像，现藏于英国皇家音乐学院的仪器博物馆

莫扎特——惊叹世界的音乐神童

莫扎特（Wolfgang Amadeus Mozart，1756—1791），奥地利著名音乐家，欧洲最伟大的古典主义音乐作曲家之一。在钢琴和小提琴相关的创作上，他无疑是一个天分极高的艺术家，谱出的协奏曲、交响曲、奏鸣曲、小夜曲、嬉游曲等等成为后来古典音乐的主要形式。他也是歌剧方面的专家。35岁便英年早逝的莫扎特，留下的重要作品包括当时所有的音乐类型。他的成就至今不朽于时代的变迁。代表作有歌剧《费加罗的婚礼》《唐璜》《魔笛》，交响乐《降E调第39号交响曲》《G小调第40号交响曲》《C大调第41号交响曲》，协奏曲《D大调小提琴协奏曲第40号》等。

▲ 幼年时期的莫扎特

箴言

人们认为我的艺术创作是轻而易举得来的。这是错误的。没有人像我那样在作曲上花费了如此大量的时间和心血。

■ 过目不忘的莫扎特

莫扎特出生在奥地利萨尔茨堡，父亲列奥波尔德·莫扎特是一个颇有才华的小提琴家和作曲家。

孩提时代的莫扎特学习兴趣很浓，而且有过目不忘的本领。莫扎特3岁那年，列奥波尔德开始教莫扎特7岁的姐姐安娜弹钢琴。小莫扎特不管在做什么，只要一听到琴声，就会跑到父亲身边，聚精会神地听父亲教姐姐弹琴。小莫扎特爱盘根问底，不明白的地方总要问个究竟。他还时常根据自己的判断，指出姐姐的错误。每当这时，列奥波尔德就在一旁不动声色，想看看莫扎特的判断是否正确、合理。让他感到惊讶的是，莫扎特的每一次判断都准确无误。

一次，列奥波尔德想试试莫扎特是否真对音乐感兴趣，就故意生气地说："你这样捣乱，让姐姐怎么学琴？你先出去玩，等你长到姐姐这么大时，我再教你。"

小莫扎特一本正经地说："您让我一起学吧！姐姐弹的曲子我也会弹，不信您让我试试。"

　　列奥波尔德将小莫扎特抱上钢琴座，莫扎特正襟危坐，俨然一副大人的样子。琴声随着小莫扎特的手指落下而响起，琴键上跳出一个个美妙的音符，悠扬婉转。一曲弹毕，竟毫无瑕疵。列奥波尔德听得目瞪口呆，于是决定改变原来的想法，开始教3岁的小莫扎特弹琴。

■ 勤学耽思的音乐神童

小莫扎特非凡的音乐天赋不仅仅体现在他的弹奏本领上，还体现在他的创作才华上。一次，列奥波尔德与一位朋友回到家中，看到4岁的儿子正聚精会神地趴在五线谱纸上写东西。

列奥波尔德觉得奇怪，便问："你在干什么呢？"莫扎特一本正经地回答："我在作曲。"

孩子的回答让两位大人觉得稀奇，他们随意瞅了一眼纸上的音符，凌乱的书写让他们相视一笑。他们认为这不过是小孩子涂鸦之作。然而，当细心的父亲将儿子的作品认真地看过几遍之后，激动地对客人喊道："亲爱的，你快来看！这上面写的是多么正确而有意义的乐曲啊！"神童4岁时就已经开始他的创作生涯了。

在欧洲源远流长的音乐史中，自幼便显示出音乐才干者并不罕见，可像莫扎特那样早熟的奇才，能在如此小的年纪便被公认为"神童"的音乐家，却是绝无仅有的。他5岁就能准确无误地辨明任何乐器上奏出的单音、双音、和弦的音名，甚至可以轻易地说出杯子、铃铛等器皿碰撞时所发出的音高。这是绝大多数职业乐师一辈子都不可能达到的水准。

莫扎特从6岁起，就在父亲的带领下，和10岁的姐姐安娜开始了漫游整个欧洲大陆的旅行演出。他们到过慕尼黑、法兰克福、波恩、维也纳、巴黎、伦敦、米兰、波隆那、佛罗伦萨、那不勒斯、罗马、阿姆斯特丹等等许多地方，所到之处无不引起巨大的轰动。

然而，在鲜花、掌声和欢呼的背后，是艰苦的训练以及严苛的考验。为使小莫扎特能迅速成长，列奥波尔德竭尽心血，精心栽培。他除了让儿子学习复杂的音乐理论与演奏技能外，还让他学习拉丁文、法文、意大利文、英文以及文学和历史等等。所以当有人问到莫扎特为何能很轻松地创作出优秀的音乐作品时，莫扎特回答："人们认为我的艺术创作是轻而易举得来的。这是错误的。没有人像我那样在作曲上花费了大量的时间和心血。"

欧洲最伟大的古典主义音乐家莫扎特的雕像

贝多芬——扼住命运咽喉的音乐至圣

创作于 1898 年的贝多芬半身塑像

箴言

我的艺术应当只为贫苦的人造福。啊，多么幸福的时刻啊！当我能接近这地步时，我该多么幸福啊！

路德维希·凡·贝多芬（Ludwig van Beethoven，1770—1827），德国最伟大的音乐家之一。作品受 18 世纪启蒙运动和德国狂飙突进运动的影响，个性鲜明，较前人有了很大的发展：在音乐表现上，几乎涉及当时所有的音乐体裁；大大提高了钢琴的表现力，使之获得交响性的戏剧效果；又使交响曲成为直接反映社会变革的重要音乐形式。贝多芬集古典音乐之大成，同时开辟了浪漫时期音乐的道路，对世界音乐的发展有着举足轻重的作用，被尊称为"乐圣"。代表作品有《第九交响乐》《英雄交响乐》《命运交响乐》《田园交响乐》《合唱交响乐》《悲怆》《月光》《暴风雨》等。

■ 潜神默思的乐圣

贝多芬出生于德国波恩，祖籍佛兰德斯。他自幼跟随担任宫廷乐队队长的父亲学习音乐，很早就显露出音乐上的才华。父亲发现贝多芬的音乐天赋后，也想将他培养成一个像莫扎特那样的神童，于是对他进行严格的训练。贝多芬 8 岁便被迫登台演出，12 岁开始学习作曲，一年后就发表了不少曲子，17 岁时到维也纳，开始向莫扎特、海顿等人学习。1792 年，经过海顿的指引，贝多芬再次到音乐之都维也纳深造。在深造时期，他勤学苦思，心无旁骛，常常进入忘我的状态。

一次，他去一家饭馆吃饭，点过菜后，他突然来了灵感，便顺手抄起餐桌上的菜谱，在菜谱的背面作起曲来。不一会儿，他就完全沉浸在美妙的旋律之中了。侍者看到贝多芬投入的样子，不敢去打扰他，打算等一会儿再给他上菜。大约一小时之后，侍者终于来到贝多芬身边，礼貌地问道："先生，上菜吗？"

贝多芬如同梦中惊醒一般，立刻掏钱结账。侍者莫名其妙，立即解释道："先生，您还没吃饭呢！"

"不！我确信我已经吃过了。"贝多芬照菜单上的定价付款之后，抓起写满音符的菜谱，冲出了饭馆。

■ "我要扼住命运的咽喉"

"我要扼住命运的咽喉，它绝不能使我屈服。"这一呐喊永恒地回响在历史上空，贝多芬用一生的奋斗诠释了这句命运誓言。

贝多芬虽然具有音乐天赋，却没有成为继莫扎特之后的第二位音乐神童。他的音乐造诣是建立在后天努力的基础上的，他的声名也是在一天天的努力中积累起来的。然而命运总是爱捉弄人，正当贝多芬声名如日中天之际，他的身体却越来越差，后来耳病复发，不久之后便完全听不到声音了。

由 Joseph Karl Stieler 于 1820 年所绘的贝多芬肖像

作为一个音乐家，失去了听觉，就意味着将要离开自己喜爱的音乐艺术，这对于钟爱音乐事业的贝多芬来说无异于晴天霹雳。他一度沉浸在失聪的痛苦中，但为了能继续从事音乐事业，他没有对外透露自己失聪的消息。然而在一次预演会中，失聪的贝多芬指挥乐队演奏时节拍比台上的歌手慢了许多。这样一来，演奏台上场面变得混乱不堪，场下也是一片哗然。

贝多芬失聪的消息顿时传遍整个德国，人们都以为失聪的贝多芬将不会再从事音乐事业了。但贝多芬并没有因为失聪而意志消沉，他以极大的毅力克服了耳聋带给他的困难。他听不到声音，就拿一根木棍，一头咬在嘴里，一头插在钢琴的共鸣箱里，用这种办法来感受声音。反复练习后，贝多芬终于能够重新感受音乐。

1824 年，贝多芬首次在演奏会上指挥乐队演奏他的新曲《第九交响乐》。乐声响起，旋律跌宕起伏，时而压抑，时而悲壮，时而庄严肃穆，时而排山倒海。从演奏开始到结束，全场掌声不息，前后连续响起 5 次热烈的掌声。

1827 年 3 月 26 日，贝多芬在维也纳病逝。这位音乐巨人一生共创作了 9 部交响乐，32 首钢琴奏鸣曲以及大量的钢琴协奏曲和小提琴协奏曲。他的创作集中体现了他那巨人般的性格，反映了那个时代的进步思想，体现了他那个时代人民的痛苦和欢乐，斗争和胜利。他是当之无愧的乐圣。

帕格尼尼——展现如火灵魂的小提琴之魔

尼科洛·帕格尼尼（Niccolo Paganini，1782—1840），意大利小提琴演奏家、作曲家。他将吉他的演奏技巧运用到小提琴的演奏中，大大丰富了小提琴的表现力。他将小提琴的演奏技巧发挥到了无与伦比的地步，为小提琴演奏艺术的发展做出了不可磨灭的贡献。著名的音乐评论家柏辽兹称帕格尼尼是"操琴弓的魔术师"，歌德评价他"在琴弦上展现了火一样的灵魂"。代表作品有《bE大调协奏曲》《二十四首随想曲》《女巫之舞》《无穷动》《威尼斯狂欢节》《爱的场面》《魔女》《D大调小提琴协奏曲》等。

帕格尼尼是历史上最著名的小提琴大师之一，对小提琴演奏技巧进行了很多创新

■ 黑猫小巷里的音乐鬼才

帕格尼尼出生于意大利热那亚一条普通的小巷，这条小巷被人们称作"黑猫小巷"。父亲原是热那亚码头的一名装卸工，因为爱好音乐，遂改行成为一名乐器买卖商。帕格尼尼从小就对音乐显示出了异常的兴趣，在他还未咿呀学语时，只要父亲一拨动琴弦，他便瞪大眼睛安静地看着父亲。

小帕格尼尼天生体弱多病，4岁时得了麻疹和强直性昏厥症，两眼翻白，呼吸也中断了。他僵硬的躯体被蒙上白布，放在棺材里。然而，绝望中的母亲敏锐地捕捉到儿子身上那丝令人难以察觉的生命气息，这才避免了悲剧的发生。在鬼门关走了一遭的帕格尼尼并没有因此得到命运的怜爱。7岁时，一场猩红热又险些让他丧命。此后，病魔时常来叩门，让他一生都饱受病痛的折磨。游走在鬼门关前的他只能用奇迹和他那钢铁般的意志来支撑着自己的生命。

上帝为你关上一扇门，必将为你打开一扇窗。父亲很快发现小帕格尼尼的音乐天赋，开始教他练琴。小提琴总是令他意往神驰，忘记病痛。然而，即使小提琴有如此魔力，帕格尼尼也很快便会体力不支。但坚强的帕格尼尼从没想过放弃。在父亲的帮助下，帕格尼尼的小提琴演奏技巧日益精湛。11岁那年，他在热那亚举办了第一次演奏会。演奏会获得了极大成功，整个舆论界都为之轰动。

演奏会结束后，父亲带小帕格尼尼拜访当时的提琴大师罗拉。罗拉听过帕格尼尼的小提琴协奏曲后，惊讶地说："我还能教你什么呢？"此后帕格尼尼又拜访了歌剧家费迪南·帕埃尔和大提琴家加斯帕尼·吉雷蒂。而帕格尼尼的演奏技巧都让他们汗颜，至此年轻的帕格尼尼已作为技艺高超的小提琴家闻名遐迩了。

■ 操琴弓的魔术师

"是怎样的魔术师制造出你的提琴？是怎样的东西在它中间藏身？是夜莺的巢穴？是庞大的乐队，有长笛，还有竖琴？……"这是热那亚著名诗人马尔丁·比亚德诺献给帕格尼尼的十四行诗。正如马尔丁·比亚德诺所描述的那样，帕格尼尼的音乐有着"神奇的引力"，当统治都灵的波拿巴家族的波利娜夫人第一次听到帕格尼尼的演奏时，几乎昏厥过去。听过帕格尼尼演奏的文学家司汤达也撰文称赞帕格尼尼："他学会用音符来展示他的灵魂。"

帕格尼尼的琴声有股魔力，人们在他的琴声中能忘记战争，忘记疾病，甚至忘记世间的一切烦恼。1828年3月29日，帕格尼尼开始在维也纳进行巡回演出。有一次，一位盲人听过他的演奏之后，以为台上有一支规模庞大的乐队，当他得知只有帕格尼尼一人时，高喊："他一定是魔鬼！"而后仓皇逃走。一位观众认为他的小提琴是魔琴，要求查看。然而看过之后却发现它与普通的琴并无区别，于是便问："您是怎么演奏的？"帕格尼尼笑着说："只要是有弦的东西我都能演奏。"那位观众将信将疑，问道："皮鞋也能吗？"帕格尼尼笑着点点头。观众脱下鞋，帕格尼尼在上面安上弦，当即演奏起来，并且与在小提琴上的演奏几乎没有区别。

小提琴有"乐器皇后"的美誉

舒伯特——最富诗意的歌曲之王

世人最喜爱的音乐，正是我以最大痛苦写成的。

弗朗茨·舒伯特（Franz Schubert，1797—1828），奥地利作曲家，他是早期浪漫主义音乐的代表人物，也被认为是古典主义音乐的最后一位巨匠。他在短短31年的生命中，创作了600多部作品，其中以歌曲最为著名，包含有18部歌剧、歌唱剧和配剧音乐，10部交响曲，19首弦乐四重奏，22首钢琴奏鸣曲，4首小提琴奏鸣曲以及许多其他作品。代表作有《魔王》《鳟鱼五重奏》《菩提树》《野玫瑰》《流浪者》《春之信念》《美丽的磨坊少女》《听！听！云雀》等。

■ 安贫乐道，只为音乐

舒伯特出生于维也纳，父亲是一名爱好音乐的教师。舒伯特自幼便随父兄学习小提琴和钢琴，少年时即显示出他在音乐创作上的特殊才能。11岁时他被帝国小教堂唱诗班录取，住进神学院，成为该校乐队小提琴手兼指挥。1813年他为该乐队创作了《第一交响曲》，却因变声被迫离开神学院。为了减轻家庭负担，他到父亲所在的学校担任助理教师并坚持作曲。有时舒伯特正上着课，忽然有了灵感，就转身对台下的学生说："我们现在改上音乐课吧！"说完，他就在黑板上作曲，完成后教大家演唱。

舒伯特酷爱诗歌，他对歌德、席勒、莎士比亚等诗人的文集爱不释手，常常沉浸其中，怡然自得。1814年10月19日他首次为歌德的诗《纺车旁的格丽卿》谱曲，这部歌曲杰作打开了他创作灵感的闸门。为了有更充足的时间进行音乐创作，他不顾父亲的反对，离开学校，成为一名自由音乐家。

由于离开了学校，没有固定收入，他只能和朋友索贝尔共住一间狭窄的小屋。冬天时，由于没有足够的衣服御寒，两人不能同时外出。

舒伯特为了留在家里专心创作，总是尽量避免外出。

后来据索贝尔回忆，舒伯特作曲时全神贯注，心无旁骛。他的眼睛也因此深度近视，戴着一副厚厚的眼镜。他时常创作到深夜，疲乏时就和衣而睡，连眼镜都忘记摘下。每天早上一醒来，就趴在五线谱上凝神静思，有时竟连穿衣洗脸都顾不上。

舒伯特自己没有钢琴，常需借助朋友的钢琴来创作。一次，他乐思骤起，兴奋地跑到朋友家，却发现钢琴已有人在使用，只好默默地离开了。索贝尔后来回忆说，那次舒伯特回到家后钻进被子，发出婴儿般的抽泣。

■ 云端的诗意——《听！听！云雀》

> 听啊！听啊！云雀在天堂的大门歌唱，
> 太阳神腾空起来，
> 他的骏马来到喷泉的汪洋，
> 酒杯状花儿多姿多彩，
> 摇曳的金盏花刚刚将她们金色的眼睛睁开，
> 一切都美丽芬芳，
> 我可爱的美人，起来，起来，快起来！

这首清新优美的小诗出自16世纪英国著名戏剧大师莎士比亚之手。时隔近3个世纪，它被舒伯特谱成曲，传唱至今，它便是著名的《听！听！云雀》。

舒伯特歌曲的歌词大部分来自于诗人、剧作家、词作家的作品。19世纪杰出的浪漫主义诗人歌德、席勒、海涅等人的抒情诗便为舒伯特提供了丰富的创作源泉。这些抒情诗内容简短精悍、寓意深刻、韵律优美、意境典雅。舒伯特正是从这些诗篇中汲取艺术养分，将诗意融入音乐，赋予歌词以诗的品质与内涵，把歌曲的艺术表现提至更高的水平，创作了一系列具有浪漫情调与抒情风格的艺术歌曲。

关于舒伯特创作《听！听！云雀》这一歌曲还有一个小故事：一天，舒伯特与朋友到维也纳郊外散步。他们走进一家小酒馆，见到桌上有一本莎士比亚诗集，便随手翻看起来。当他看到《听！听！云雀》一诗时，突然对身边的朋友说："我的脑海里现在充满了旋律，似乎要倾注而出，可是我没有五线纸。"朋友听后立即将桌上的菜单翻过来划了五条线递给他。舒伯特接过纸后，信笔书写起来。他听不到周围的喧闹，只看到一个个音符如蝌蚪般游在纸上。不一会儿，一首完整的曲子便出现在纸上。朋友细看此曲，简直如行云流水，一气灌注到底，不禁大呼其妙。

舒伯特诗歌歌曲的开创意义正在于使艺术歌曲走向直观诗化，呈现出文学化的倾向，赋予音乐最美的诗意，也赋予诗歌最动听的音乐。

大小施特劳斯——圆舞曲之父与圆舞曲之王

我宁愿以最大的牺牲作为代价，来求得上好的剧本。——小约翰·施特劳斯

老约翰·施特劳斯（Johann Strauss I，1804—1849），奥地利作曲家，一生写过150多首圆舞曲，几十首波尔卡和进行曲。他最大的功绩是与作曲家约瑟夫·兰纳共同奠定了维也纳圆舞曲的基础，被人们称为"圆舞曲之父"。代表作有《拉德茨基进行曲》《莱茵河女妖罗蕾莱》等。

小约翰·施特劳斯（Johann Strauss II，1825—1899），老约翰·施特劳斯长子，奥地利著名的作曲家、指挥家、小提琴家、施特劳斯家族的杰出代表。他是一位天才兼多产的作曲家，其作品编号将近500个，包括圆舞曲70首，波尔卡舞曲117首，卡得累尔舞曲73首，进行曲43首及轻歌剧16部，被世人誉为"圆舞曲之王"。代表作有《蓝色的多瑙河》《维也纳森林故事》《艺术家的生涯》等。

■ 圆舞曲父子的成才之路

奥地利维也纳的施特劳斯家族在19世纪曾迎来了它有史以来的最高荣誉。"圆舞曲之父"和"圆舞曲之王"先后降生在这个家族，更戏剧化的是他们竟然是同名的父子。

老约翰·施特劳斯7岁时母亲去世，12岁时再婚的父亲自杀身亡，他跟随继母改嫁。

◀ 由 Joseph Kriehuber 于 1835 年绘制的奥地利作曲家老约翰·施特劳斯

继父是一位和善的中年人，他见施特劳斯热爱音乐，便送给他一把玩具小提琴。后来音乐家约翰·波利申斯基发现了这个整日抱着玩具小提琴练习的孩子，对他的音乐天分甚是赞赏，便答应免费为施特劳斯授课。老施特劳斯以一种近乎天授的才能掌握了小提琴演奏的种种技法，并很快超越了自己的老师。

15 岁时，他成了维也纳最著名的舞会乐团的小提琴手，之后又加入了以演奏圆舞曲著称的"兰纳四重奏"乐团。1825 年，老施特劳斯组建了乐队并开始为乐队的演出谱写作品，很快便成为维也纳最受欢迎的舞曲作曲家。一位莱比锡记者曾经赞叹："施特劳斯的圆舞曲之于维也纳人，犹如拿破仑的胜利之于法国人一样。"

也许是受父亲影响，小施特劳斯自幼爱好音乐。然而老施特劳斯并不希望自己的孩子成为一位音乐家，并且反对他练习小提琴。老施特劳斯管弦乐队的小提琴家弗朗茨·阿蒙见小施特劳斯如此爱好音乐，便私下教他拉小提琴。

小施特劳斯17岁时，老施特劳斯与他的情妇埃米莉离家出走。此后，小施特劳斯得以专心从事他所热爱的音乐事业。他先后拜约阿希姆·霍夫曼教授和安东·科尔曼为师，两人对他的音乐天赋都极为赞赏。

多瑙河畔小施特劳斯的金色雕塑

1848年维也纳革命爆发，小施特劳斯担任国民军乐队队长，指挥了《马赛曲》和他自己创作的革命进行曲和圆舞曲。小施特劳斯的声名渐渐传遍整个维也纳。1873年小施特劳斯在维也纳世博会上演奏了自己创作的《蓝色的多瑙河》圆舞曲，顿时风靡全球。

■ 圆舞曲之父与圆舞曲之王的父子之战

小施特劳斯在拥有了精湛的演奏技巧之后，便开始创作圆舞曲，他迫切希望能有一次登台演出的机会。终于，在说服了维也纳席津地区的多迈耶俱乐部之后，他获得了初次亮相的机会。老施特劳斯对此极为恼怒，发誓有生之年不再在多迈耶俱乐部演出。此次演出获得了极大成功，小施特劳斯的名声一下子超过了父亲。

这场著名的"圆舞曲父子之战"持续了六七年之久。老施特劳斯晚年郁郁寡欢，他那种致力于音乐事业的坚韧、热情和活力，以及他那迷人的灵感和生气，似乎一下子全消失了。他对儿子的态度也变了，甚至暗暗为儿子在音乐上的成就感到骄傲，渴望同儿子握手言欢，但他倔强的秉性却使他无法做到这一点，直至1849年9月25日，老施特劳斯被猩红热夺去了生命。

有人曾对老施特劳斯的贡献做了形象的比喻："没有施特劳斯的维也纳就像失去了多瑙河的奥地利一样。"而小施特劳斯的圆舞曲独具特色，旋律酣畅，柔美动听，节奏自由，生机盎然，它们反映了奥地利人民热爱生活的思想感情和气质，和奥地利民间音乐、维也纳市民音乐血肉相连，因此成为每年维也纳新年音乐会的主要曲目。

肖邦——在孤寂中捧出芳香的钢琴诗人

聪明的人绝不等待机会，而是攫取机会，运用机会，征服机会，以机会为仆没。

肖邦是波兰著名的作曲家、钢琴家，他的创作在发挥钢琴性能及和声表现力等方面有独到的见解，在开拓曲式题材方面也有建树。他的音乐以浪漫、抒情为主要风格

弗里德里克·弗朗索瓦·肖邦（Fryderyk Franciszek Chopin，1810—1849），波兰作曲家、钢琴家。他是19世纪欧洲浪漫主义音乐的代表人物，也是历史上最具影响力和最受欢迎的钢琴作曲家之一。肖邦一生创作了大约200部作品，其中大部分是钢琴曲，包括2部钢琴协奏曲、3部钢琴奏鸣曲、4部叙事曲、4部谐谑曲、24首前奏曲、20首练习曲、18首波兰舞曲和4首即兴曲等。此外，他还为故乡的波兰舞曲和玛祖卡做出了里程碑式的贡献。肖邦被誉为"钢琴诗人"。

■ 音乐地平线上的流星

肖邦出生在波兰华沙近郊，父亲是法国人，侨居华沙任中学法文教员，母亲是波兰人。肖邦在波兰被视为神童，6岁时开始学习钢琴，7岁时创作了第一首作品B大调和G小调波兰舞曲，8岁便登台演出，被誉为"第二个莫扎特"。

1822年，肖邦开始向约瑟夫·艾尔斯内学习音乐理论和作曲。6年后，肖邦中学毕业，这时他的作品已表现出超然的个性和独创风格。肖邦擅长在钢琴上即兴创作，他的即兴之作一气呵成，衔接如行云流水般不着痕迹。他19岁时已经创作了两首钢琴协奏曲，并开始在欧洲举办巡回演奏会。人们称赞他是"音乐地平线上最闪亮流星中的一颗"。

肖邦被誉为"钢琴诗人"，不仅仅是因为他创作了大量的钢琴作品，还因为他精湛的钢琴演奏技巧。他不但运用优雅而精致的点缀，开创了细腻的踏板效果，而且创造了钢琴"歌唱"的幻觉，将色彩性的和声处理得天衣无缝。

历史总是惊人的相似，58 年前，音乐神童莫扎特英年早逝。半个世纪后，历史重新上演了这样一幕，同为音乐神童的肖邦也过早地结束了他的人生旅程。他就像一颗流星，划破了音乐的长空，照亮了整个音乐世界，虽转瞬即逝，却璀璨夺目。

火全熄。在寂静的演奏厅内，深沉淳郁钢琴声突然响起，一改以往的高亢激烈，在静谧的夜晚慢慢弥散开来，自然真诚，没有一丝一毫的夸张、虚浮。听众如痴如醉，以为李斯特的演奏又进入了一个新的境界。

这是一幅水彩画，画面表现的是肖邦在巴黎的兰伯特酒店弹奏钢琴的场景

■ 惊现巴黎的钢琴诗人

1830 年，波兰爆发了反对外国瓜分国土的起义，国内一片混乱，肖邦被迫移居法国巴黎。在波兰誉满华沙的肖邦初到巴黎时，并不为人所知。匈牙利钢琴家李斯特比肖邦更早进军巴黎，已是誉满全城的音乐家了。他对肖邦的音乐才华早有耳闻，为了向巴黎听众推荐肖邦，他想了一个办法。

一天晚上，李斯特照例举行公演，按照当时的音乐会习惯，整个演奏过程灯

演奏结束，灯火重明，在听众狂热的喝彩声中，立在钢琴旁答谢的，却是一位陌生的青年，他就是肖邦。原来李斯特在灯火熄灭之际，悄悄把肖邦换上了演奏台。

肖邦终生未婚，与玛利亚·乌金斯基和诗人乔治·桑的恋爱都无果而终，在孤寂中度过了短暂的一生。1849 年，肖邦离世，被安葬在巴黎的拉雪兹神父公墓，而依照他的遗愿，他的心脏被送回华沙，与他的祖国在一起。这个给世界带来美好、带来欢乐，自己却孑然一身的钢琴诗人，在孤寂中捧出了人间的芬芳。

李斯特——华丽辉煌的钢琴魔术师

箴言

音乐是不假任何外力，直接沁人心脾的最纯的感情火焰；它是从口吸入空气，它是生命的血管中流动着的血液。

○ 李斯特·费伦茨（Ferencz Liszt，1811—1886），匈牙利著名的作曲家、钢琴家、指挥家，伟大的浪漫主义大师，是浪漫主义前期最杰出的代表人物之一。他将钢琴的技巧发展到了无与伦比的程度，极大地丰富了钢琴的表现力，在钢琴上创造了管弦乐的效果，他还首创了背谱演奏法，也因此获得了"钢琴之王"的美称。代表作有《浮士德交响曲》《但丁交响曲》《匈牙利狂想曲》《前奏曲》《马捷帕》《b小调钢琴奏鸣曲》《高级练习曲》《旅行岁月》《唐璜的回忆》等。

■ 出神入化的钢琴魔术师

李斯特出生在匈牙利一个叫莱丁的村庄，父亲是一位业余音乐家。李斯特5岁时开始向父亲学习钢琴，8岁时开始作曲，9岁登台表演，并获得当地贵族的资助，赴维也纳向著名钢琴教育家卡尔·车尔尼学习。12岁时全家迁居巴黎，在这里，李斯特受雨果、拉马丁、夏多勃里昂等浪漫主义文学家思想的影响，树立了与学院风气、市民习气相对立的新的浪漫主义风格。16岁时，他就已经将钢琴技巧发挥到无与伦比的程度。

在钢琴演奏上，李斯特首创背谱演奏法。据说，只要他一拨动那神奇的琴键，人们便登时被他的琴声吸引，沉醉其中，无法自拔。他的琴声仿佛一张"魔网"在操纵着听众。

1840年，康拉德·格拉夫委托约瑟夫·丹豪泽绘制了一幅幻想李斯特正在弹钢琴的油画，旨在刻画李斯特的演奏对听众的影响。画中跪在李斯特脚边的是李斯特的情人玛丽·达古伯爵夫人，坐在沙发上女扮男装的是乔治·桑，她旁边是法国文豪大仲马，后排站立者包括帕格尼尼、罗西尼和雨果。钢琴上摆放的是贝多芬的胸像，后面的墙上还悬挂着拜伦勋爵的画像。在画面最左侧，我们还能看到圣女贞德的雕像李斯特的音乐成就不仅体现在他高超的钢琴演奏技巧上，还体现在他的音乐创作上。在音乐创作上，他主张单乐章和标题音乐，首创了交响诗这一体裁，并创作了《塔索》《前奏曲》《匈牙利》等13部交响诗实践了这一音乐主张。此外他还写过多首改编曲，技巧华丽，感情丰富。在他的钢琴作品中占有重要地位的19首《匈牙利狂想曲》不但充分发挥了钢琴的音乐表现力，还为狂想曲这个音乐体裁的创作树立了杰出的音乐典范。

李斯特的作品结构精炼，乐思丰富活跃，极富想象力，乐曲形式千变万化，音乐形象却始终鲜明质朴，体现了自然美和艺术美的完美统一。在钢琴演奏上，他追求的是一种令人眩晕的演奏风格：风驰电掣般的速度、万马奔腾般的气势、响遏行云的穿透力以及辉煌华丽的技巧。他充分挖掘了钢琴的音响功能，对演奏者的技巧提出了极高的要求。这种辉煌浪漫、极富个性的钢琴演奏风格，使所有听过李斯特音乐的人都为之震撼。

匈牙利纪念馆前的李斯特纪念像

■ 春风化雨育贤生

1865年，年届半百的李斯特成为天主教神父。此后他身着黑袍在德国、奥地利、匈牙利和意大利各处奔走授课，分文不取，大力提携鼓励年轻音乐家，为普及音乐做出了相当大的贡献。

当时很多年轻的音乐家都希望能得到李斯特的指点，有的人甚至冒用李斯特学生之名在欧洲各地举办演奏会。有一次一位女钢琴家来到德国演出，海报上公然写着"李斯特的女学生"。人们得知李斯特的女学生要来演出，纷纷慕名而来。可是谁也没有想到，这位自称李斯特女学生的钢琴家根本连李斯特的面都没有见过。

就在演奏会开始的前一个晚上，李斯特也来到这座城市，而且就下榻在她住的旅馆。这位女钢琴家得知此事后，十分惶恐不安，于是找到李斯特请求他的宽恕。意外的是李斯特没有责备她，而是和颜悦色地对她说："请把演奏会上的曲目弹一支让我听听吧！"一曲弹罢，李斯特指出她的不足，并为她示范，然后对她说："现在我已经教过你弹琴了，从今往后，你完全可以称为'李斯特的女学生'了。你开演奏会的时候，我还可以为你演奏一曲。如果节目单还没有印出来的话，请再添一行：李斯特将亲临演奏。"

威尔第——忧国忧民的歌剧之王

箴言

音乐是属于群众的,这是人人有份的。

意大利著名的作曲家威尔地,他的许多作品都表现了爱国思想和反抗异族压迫的精神

朱塞佩·威尔第(Giuseppe Verdi,1813—1901),意大利著名作曲家。一生共创作有歌剧作品、合唱作品、室内剧、弦乐四重奏等百余部作品。其中,歌剧作品是他最重要的创作领域。他凭着杰出的才华和勤奋的创作在歌剧乐坛奠定了无人可与之匹敌的地位。代表作有《奥赛罗》《弄臣》《游吟诗人》《茶花女》《伦巴第人》《欧那尼》《阿尔济拉》《列尼亚诺战役》等,有"意大利革命的音乐大师"和"意大利歌剧之王"之称。

■ 骏马还需伯乐识

威尔第生于意大利北部的布塞托,父亲是一个小旅馆老板。旅店里经常有过往的民间乐师入住。耳濡目染之下,小威尔第对音乐产生了浓厚的兴趣,并央求父母让他学习音乐。直到10岁时,父亲才终于决定让他去布塞托市学习。小威尔第学习很用功,只在休息日时才会独自出去散步。

一次散步时,他信步走到一座楼房前,忽然从房里传来阵阵优美的琴声。他忍不住驻足细听,直到琴声停止他才离去。以后,每逢休息日,这里就成为他的必去之处。一天,当威尔第正聚精会神地欣赏琴声时,突然有人拍了拍他的肩膀。威尔第登时吓了一跳,回过神来看见一位中年男子正冲着自己笑。只听他问道:"你是谁家的孩子?为什么经常站在这儿发愣?"威尔第如实地作了回答。

原来这位中年男子就是这房子的主人安东尼奥·巴勒吉,弹琴者是他的女儿。他听了威尔第的回答十分高兴,便邀请威尔第去他家做客。巴勒吉酷爱音乐,是布塞托市音乐协会会长。他发现威尔第颇有音乐天赋,便把他推荐给布塞托市音乐学校的校长,后来又出资让威尔第去米兰深造。威尔第深知学习机会来之不易,倍加努力,音乐修养有了很大提高,为日后创作世界名曲打下了坚实的基础。

■ 位卑未敢忘忧国

威尔第出生时，他的家乡布塞托被法国拿破仑的军队占领着，拿破仑失败后，此地又沦为奥地利的殖民地。直到威尔第46岁时，布塞托才回归祖国。故乡长期遭受外国侵略者的铁蹄践踏，激起了威尔第的爱国热情。为了激励故乡人民奋起反抗侵略者，威尔第创作了一系列革命题材的歌剧。在这些革命歌剧中，《纳布科》是第一部获得巨大成功并对意大利人民反抗侵略起到了深远影响的歌剧。

在创作《纳布科》之前，威尔第曾在生活和事业上遭受到重大打击。因此米兰歌剧院给他送来《纳布科》的歌剧脚本时，威尔第根本无心作曲，剧本被久久搁置在一旁。一天，剧本滑落到地上，威尔第拾起剧本时，目光刚好落在《飞吧！思想，乘着金色的翅膀》这首诗上，他读完这首诗欲罢不能，又一口气看完了整个剧本。他的心久久不能平静，剧本的内容使他感慨良多，音乐的构思在他心中汹涌澎湃，于是威尔第拿起笔开始在五线纸上奋笔疾书。

《纳布科》是《圣经》中的一个故事。在《圣经》中，纳布科是古代巴比伦国王，是一个野心勃勃的侵略者，率领军队侵占了耶路撒冷，并把当地的犹太人驱逐出了家园。剧本热情歌颂了不甘受奴役的犹太人思念家乡、怀恋祖国的真挚情感。他们的爱国热情深深打动了威尔第，他把对祖国的深厚感情和对侵略者的强烈仇恨全部倾注到这部歌剧之中。

1842年3月9日，米兰的斯卡拉剧院首次上演了威尔第的歌剧《纳布科》。歌剧演出结束后，台下的观众热泪盈眶，他们拼命鼓掌，大声欢呼，爱国主义的情感在每一个人心中激荡着。剧中的《飞吧！思想，乘着金色的翅膀》因为唱出了处于奥地利统治下的意大利人民渴求回归祖国的深情，遂成为意大利人民反抗侵略者的爱国歌曲。

◀作于1860年的漫画版威尔第

柴可夫斯基——憧憬光明的音乐大师

　　彼得·伊里奇·柴可夫斯基（Peter Ilyich Tchaikovsky，1840—1893），俄国作曲家、音乐教育家，被誉为伟大的俄国音乐大师。他的音乐是俄国文化在艺术领域内的最高成就之一。主要音乐作品有6部交响曲，3部钢琴协奏曲，小提琴协奏曲，幻想序曲《罗密欧与朱丽叶》，幻想曲《暴风雨》《意大利随想曲》《一八一二年序曲》等，歌剧《叶甫盖尼·奥涅金》《黑桃皇后》等，芭蕾舞剧《天鹅湖》《胡桃夹子》《睡美人》等。

伟大的音乐家柴可夫斯基

■ 热爱音乐的小柴可夫斯基

　　柴可夫斯基出生于俄国沃特金斯克一个贵族家庭，父亲是一位官办矿厂的采矿工程师，母亲是一位音乐爱好者。柴可夫斯基从小就特别喜爱音乐。有一次父亲买回一座音乐自鸣钟，小柴可夫斯基第一次看到这样的东西，好奇地站在钟旁打量。突然钟发出清脆响亮的"铛铛"声，小柴可夫斯基高兴得手舞足蹈。父亲告诉他，只要一到整点，这钟就会发出"铛铛"的提示声。从此，只要快到整点时间，他就安安静静地坐在钟前面等待着那清脆悦耳的钟声响起。

　　还有一次，母亲在家里举办了一个小型音乐会并在席间演唱了一首阿尔雅布耶夫的《夜莺》。小柴可夫斯基沉浸在母亲的歌声中，仿佛迎着晨风来到一片芳草鲜美的原野上。花瓣上的露珠在朝阳的照射下，如钻石般闪亮。葱葱茏茏的树林里，不时传来夜莺醉人的鸣啭声。

　　忽然，柴可夫斯基站起身来，向自己的房间走去。过了一会儿，他的家庭教师走进房间，发现柴可夫斯基激动不安地坐在床上，热泪盈眶，便奇怪地问他："你怎么哭了？"

"哦，这音乐，这音乐！它老缠着我！它待在这儿——在我的脑瓜里！它使我安静不下来！"柴可夫斯基指着自己的额头，声音颤抖地回答。

这一夜，他辗转反侧，久久不能入睡。第二天一大早，他就坐到了钢琴前，凭着记忆弹奏起《夜莺》的旋律。琴声悠扬婉转，很快回荡在整个房间。母亲被这美妙的音乐唤醒，走到钢琴前惊讶地发现小柴可夫斯基正在全神贯注地弹着她昨晚演唱的曲子。

母亲发现柴可夫斯基的音乐天赋后，开始正式教他弹琴，后来又先后让他向几位当时著名的音乐家学习。经过严格的训练和他自身的努力，柴可夫斯基最终成为享誉世界的音乐大师。

■ 向光明进军的天鹅之歌——《第六交响曲·悲怆》

《第六交响曲·悲怆》创作于1893年，是柴可夫斯基本人最得意的作品，也是他音乐生涯的掩卷之作，更是他一生精神历程的艺术总结。此曲完成后于同年的10月28日首演，然而在这部交响曲公演后的第九天，他却突然辞世。这首曲子使他达到个人的艺术顶峰，也把他带上西归之路，最终成为他的"天鹅之歌"。

《第六交响曲·悲怆》首次上演，并没有收到柴可夫斯基预期的效果。或许是演奏会的不成功，或许是受悲怆情绪的影响，演奏会结束后柴可夫斯基一直心神不宁。公演后

的第五天晚上，柴可夫斯基走进一家餐厅，表情十分异常。他从来没有这样漫不经心，对于旁人的问话，他有一句没一句地答着。最后竟然把桌上一杯已经凉了的水喝了下去。当时霍乱流行，喝冷水无异于自杀。他身边的人产生了一种不祥的预感。果然，第二天早上，柴可夫斯基发起高烧，并开始上吐下泻。家人立即请来当地名医贝田森，然而霍乱袭击之快使贝田森也束手无策。四天后，柴可夫斯基与世长辞。

《第六交响曲·悲怆》正如标题所示，描述了人生的恐怖、绝望、失败、死亡等，以抽象手法表现人类共同具有的悲怆情绪。这实际上反映的是在沙皇统治末期，处于压抑状况下的俄罗斯人民的真实心态。然而在其悲剧的主题下，却暗含了积极向上、充满斗争的精神，以及对未来、理想和幸福的无限向往和追求。

有人说这首曲子是柴可夫斯基的绝命之作，因为有了这层缘故，它的悲怆情绪更加浓厚。然而撇开这层缘故，曲子本身的艺术价值也是有目共睹的。如今它已成为音乐史上不朽的经典，在给人以强烈震撼力和感染力的同时，也在培养人们憧憬光明、热爱生活、勇往直前的高尚情感，具有进步意义。

格里格——锤炼光辉民族风的作曲大师

▲ 格里格是浪漫主义音乐时期的重要作曲家，其作品以民族性著称。（摄影：Nicola Perscheid）

■ 再现挪威风情

格里格生于挪威卑尔根，父亲是一位商人，热爱音乐，母亲是一位颇有修养的钢琴师。格里格受到家庭音乐环境的熏陶，很早便显露出了惊人的音乐才能。5岁时他就在钢琴上发现了九和弦，随后在母亲的指导下开始学习钢琴和作曲理论。9岁时他创作了第一首钢琴曲《德国主题变奏》。15岁时，他在著名小提琴家奥列·布尔面前演奏了自己的作品，并以他出众的音乐才华令其为之折服。这位小提琴家说服格里格的父母让小格里格去莱比锡音乐学院学习。1868年，格里格在意大利结识了著名的音乐大师李斯特。当时他刚创作完《a小调钢琴协奏曲》，李斯特是最早欣赏到这部作品的人。

箴言

心灵的悲哀越深，语言的包含性越强、越隐晦。

爱德华·格里格（Edvard Grieg，1843—1907），挪威作曲家，19世纪下半叶挪威民族乐派代表人物。曾与挪威民族音乐的倡导者诺德拉克等人共创"尤特皮"音乐社，创作并传播斯堪的纳维亚国家的民族音乐。根据挪威诗词创作了具有独特风格的抒情歌曲，整理改编民间歌曲。还创办了挪威音乐学校。代表作有《培尔·金特》《挪威舞曲》《a小调钢琴协奏曲》《e小调钢琴奏鸣曲》等。

一次，李斯特在家中举办了一个小型的音乐会，邀请格里格参加。李斯特知道格里格新创作了一首曲子，便邀请他在众人面前演奏。格里格低着头谦虚地说道："我恐怕不行，我还没有练习过呢！"

李斯特随即拿出笔和五线纸，对格里格说："你把你新创作的曲子写下来吧！"格里格点点头，不一会儿就将新创作的《a小调钢琴协奏曲》写了出来。李斯特看完后大喜，对身边的朋友说："这是一首绝妙的曲子，我一定要让你们听到。"于是，李斯特坐到钢琴前，开始弹奏这首曲子，一边弹奏一边对它赞不绝口。开始时，朋友们只是惊叹李斯特的演奏技巧，随后人们渐渐被曲子带入辽阔的北欧世界，流连于清新动人、淡雅恬美的北欧山水间。每一个人的脸上都露出陶醉的表情。李斯特忘情地弹着，到终曲时，还未收尾他就停了下来，他迫不及待地向格里格走去，热情地拥抱了他，然后兴奋地喊道："太好了，这是真正的挪威风格！"

1879年，格里格在莱比锡格万特豪斯音乐会上演出了此曲，获得巨大成功。

格里格是能将自然界融进自己乐思的第一位重要作曲家，他作品中美丽的旋律和别致的色彩令人回味无穷。他的音乐作品艺术地再现了挪威的民俗风情，生动地刻画了民间童话里山妖、风精、侏儒等奇幻现象。我们能从中感受到挪威美丽动人的风光和挪威人奇异的心灵世界。

■ 信守诺言的格里格

格里格是一位信守诺言的人。许多年前，他在卑尔根大森林的一条林间小道上散步时遇见了一位拾野果的金发小姑娘。他和小姑娘同行了一段路，小姑娘告诉格里格自己叫达格妮，父亲是这一带的守林人。那天的交谈很愉快，一直忙于事业的格里格仿佛一下子回到了童年，重新感受到了卑尔根大森林的奇妙与乐趣。他帮达格妮提着装满野果的小篮子，一直陪她走到她家门前。两人分别前，格里格抱歉地说："哦，对不起，小达格妮，本来我想送你一件礼物的。可是我口袋里什么都没

有，甚至连一条丝带都没有。不过，我答应你，我一定会送一件与众不同的礼物给你。10年后，等到你18岁生日的时候，我将用它作为你的成人生日礼物。"

10年后，当达格妮长成一位亭亭玉立的少女时，她早已把10年前格里格的承诺忘了。为了庆祝她的成年生日，父亲答应让她去首都奥斯陆玩。她到达奥斯陆的时候，发现一个公园里正举行着一场盛大的露天音乐会。她一下子被那美妙动人的旋律吸引了，不禁驻足细听。当她还在回味前一首音乐时，突然听到主持人报幕："下面我们将演奏本国音乐大师爱德华·格里格的新作《献给守林人的女儿达格妮》。"她一下子惊住了，她与这位著名的音乐大师素昧平生，他怎么会知道自己的名字，还作了一支乐曲送给自己呢？惊诧间，音乐声响起，她不由自主地沉浸到了乐曲中。这无疑是大自然的真实写照，有大风穿越森林的喧哗，有海浪相互追逐的咆哮，有小鸟清脆欢快的鸣唱，有牧童悠扬温馨的笛声……她的思绪渐渐被带回卑尔根的大森林，忽然想起10年前在森林里与一位温和的中年男人相遇的情景。

"是他！他就是格里格！"达格妮眼里含着激动的泪花，她没有想到格里格真的兑现了10年前的诺言，而且是以这样奇妙的方式。她从音乐里听出了音乐家对她的赞美和祝福，这让她觉得生命里充满了阳光和美好。

托斯卡尼尼——坚毅严谨的指挥鼻祖

箴言

不论是指挥，还是其他音乐家，首先心中必须有音乐。

阿尔图罗·托斯卡尼尼（Arturo Toscanini，1867—1957），意大利指挥家、大提琴家。20世纪最有才华和要求最严格的音乐指挥家之一，他坚强不屈、高尚纯洁的品质使他成为一个举世瞩目的人物。曾指挥过乐队演奏《小丑》《艺术家的生涯》《众神的黄昏》《齐格弗里德》等音乐作品。

■ "我寄希望于努力，而不相信命运"

托斯卡尼尼出生于意大利帕尔马，9岁时以优异生免费进入帕尔马音乐学院学习。在这里他苦读9年，以优异的成绩从帕尔马音乐学院的大提琴班和钢琴班毕业。他倔强而冷静地走进了社会，投入生活。他不想沦落为流浪艺人，希望在经济上尽快独立，因此迫切地期待能有乐队聘请他当指挥。

意大利指挥家托斯卡尼尼

然而事情并没有他想象的那么顺利。毕业后很长一段时间，他都没有接到过乐队的指挥邀请，于是只好进了一个普通的乐队充当大提琴手，其间也偶尔会收到小地方音乐会的指挥邀请。他到过维罗纳、卡萨莱蒙托费拉等中小城镇担任指挥。然而这些地方组织的演出欠佳，常常是临阵磨枪，仓促上阵；整个剧团的水平也很一般，鲜有高质量的演出。而在指挥演出期间，托斯卡尼尼由于没有钱只能住三等旅馆。不过他不在乎这些，唯一的希望就是多指挥几场音乐会，并尽量指挥得好一些。每次演出结束后，他总盼着能接到新的聘书，能有机会重登指挥台。

后来，托斯卡尼尼的父母搬来和他同住，刚满20岁的他，便负担起养家糊口的重任。尽管如此，他却丝毫不抱怨，依然以满腔的热忱投入到自己所喜爱的音乐事业中。他相信只要付出努力，成功总有一天会降临到他身边。为了达到自己的目的，托斯卡尼尼拼命工作。他指挥的作品越多他就越明白，自己的任务是使每一部作品恢复它原来的纯洁性，在每一部作品中探求作曲家的真正意图。然而在一个只想炫耀技巧、迎合听众趣味、一味追求舞台效果的病态环境中，这种做法往往被曲解为迂腐守旧、缺乏激情和想象力。而托斯卡尼尼虽然很年轻，但已具有非凡的毅力和战胜一切困难的勇气及乐观主义精神，这使他度过了一个又一个艰难时刻。他从不懊恼，也不后悔。他曾说："我寄希望于努力，而不相信命运。"他充满自信，知道自己的长处之所在，反应十分敏捷，对乐队的要求有时严格到了极点。

1892年，他受到米兰达尔·维尔梅剧院的邀请，指挥卢杰洛·列昂卡瓦罗的《小丑》的首场演出。此次演出获得了巨大的成功，作为指挥家的托斯卡尼尼被大家记住了。就这样，托斯卡尼尼凭借自己的努力和坚持，最终获得世人的认可，成为举世闻名的音乐指挥家。

■ 质朴严谨的指挥巨擘

托斯卡尼尼对演奏的追求是无止境的，他希望任何作品都无懈可击，至少要争取做到无懈可击。他不想沽名钓誉，不想炫耀自己，他只致力于一样事情——提高音乐演奏水平。他指挥的原则很明确：不管是唱歌还是演奏器乐作品，都应该本着严谨、质朴的态度，给观众留下深刻的印象。因此当乐队演奏得平平淡淡、毫无感情时，他往往会大发雷霆。

托斯卡尼尼在大都会乐队当音乐指挥时，也常常因为乐手们出差错而大声斥责，怒气冲冲。有一次，他负责指挥一部歌剧，主角由声名大噪的杰拉尔丁·法拉尔饰演。这位女歌唱家不但艺术造诣很深，人也长得十分美丽。托斯卡尼尼为她的歌喉和容貌所倾倒，对她彬彬有礼，相当客气。然而，法拉尔却得意忘形，排练时很不严肃，经常出差错。有一次，她正漫不经心地唱着，托斯卡尼尼突然高声打断她："不对，不能这么唱。"法拉尔却用傲慢无礼的目光看着他说："指挥先生，我怎么唱，您就怎么指挥吧。您是在和一位歌剧界的明星打交道。"

"小姐，星星只在天上有，"托斯卡尼尼冷冷地看了她一眼，不留情面地斥责道："我们这些人只是普通的艺术家，有的优秀，有的拙劣。遗憾的是，您是一个拙劣的艺术家。"

海菲兹——幽默谦和的小提琴之王

箴言

通过纯粹的模仿永远也不会成为一位伟大的艺术家。

雅沙·海菲兹（Jascha Heifetz，1901—1987），俄裔美籍小提琴家，20世纪最伟大的小提琴演奏家之一。他将演奏的高度精确和完美作为其最鲜明的艺术特点。他曾演奏过贝多芬、柴可夫斯基、巴赫、勃拉姆斯、布鲁斯等人的小提琴作品，其高超的演奏技巧让他获得了"20世纪的帕格尼尼"和"小提琴之王"的美称。

小提琴成就了雅莎·海菲兹的梦想，让他成为20世纪当之无愧的小提琴之王

■ 幽默谦和的小提琴之王

"如果他从来没有存在过的话，小提琴演奏艺术将永远不会达到今日的高度和如此完美的水准……作为个人，他给世界留下了扑朔迷离的问号；作为小提琴演奏家，他将在今后的几个世纪中引起无可估量的反响。"这是美国《时代周刊》对小提琴家海菲兹的评价。指挥泰斗托斯卡尼尼也曾公开称赞过海菲兹不同凡响的演奏才能："他是我见过的小提琴家中唯一能演奏得完美无缺的艺术家。"萧伯纳更是曾写信给海菲兹说："海菲兹先生，请问你能否拉错一个音以表明你是一个人而不是一位神呢？"

作为20世纪技艺最卓绝的小提琴演奏家之一，海菲兹高超的演奏技艺自然不容置疑。而作为一位影响深远的音乐家，他的魅力不仅仅在于他完美的艺术技巧，还在于他高尚的人格魅力。

海菲兹为人不但谦和真诚，而且机智幽默，时常语出惊人，他高兴时便开怀大笑，忧郁时便专心致志地拉琴，从不轻易冲人发脾气。他这种随和的性格不仅仅体现在对待家人和朋友的态度上，还体现在对待陌生听众的态度上。每次海菲兹的音乐会一结束，听众便蜂拥而至，纷纷请他签名留念。他既不恼怒，也不着急，总是笑着满足听众的要求。

一次，音乐会结束后，海菲兹回到后台休息，一位少年手里拿着画，在后台等待海菲兹退场。少年一见到海菲兹，立即站起来，犹豫地走向他。在宽阔而又安静的后台，他的脚步声引起了海菲兹的注意。他抬起头来，亲切地向少年打招呼。少年走近海菲兹，紧张地看着他，想对他说些什么，或许是因为还有其他人员在场，他动了动嘴唇，却没有说。海菲兹笑着说："孩子，你想说什么就说吧！我们这里很随便的。"紧张的气氛一下子被打破了，孩子展开手中的画，对海菲兹说："先生，我是我们学校的绘画代表，大家认为我为您画的像是全班最好的。您是否可以在这个画像上为我们大家签个名？"

海菲兹从少年手中接过那张画像，饶有兴致地端详了半晌，对少年笑了笑，又看了看画像，突然哈哈大笑起来。少年站在原地，窘得不知如何是好。海菲兹一边笑一边对少年说："孩子，别担心，你画得很像！我当然愿意为你们签名留念了。你画得很像我，那么我就写'很像海菲兹'吧！"于是他提笔在画上写了这几个字。

童年时代就对小提琴情有独钟的海菲兹

1917年，小提琴音乐家海菲兹阅读美国音乐报上关于自己的新闻

帕瓦罗蒂——热爱美食的高音 C 之王

选择和放弃是一件痛苦的事情，但却是成功的前提，人不能同时坐两把椅子。

鲁契亚诺·帕瓦罗蒂（Luciano Pavarotti，1935—2007），著名的意大利男高音歌唱家。他的嗓音丰满、充沛，带有透明感的明亮且具有穿透性，其中高声区统一，音色宽厚高昂，带有强烈的自然美感。帕瓦罗蒂具有十分漂亮的音色，在两个八度以上的整个音域里，所有音均能迸射出明亮、晶莹的光辉，被一般男高音视为畏途的"高音 C"也能唱得清畅、圆润而富于穿透力，被誉为"高音 C 之王"，与多明戈、卡雷拉斯并称"世界三大男高音"。

意大利男高音歌唱家——帕瓦罗蒂

■ "人不能同时坐两把椅子"

帕瓦罗蒂出生于意大利摩德纳市，父母都是音乐爱好者，父亲更是当地颇有名气的业余男高音。帕瓦罗蒂自幼便喜好唱歌，并且秉承了父亲的优秀嗓音，歌声非常优美动听。他渴望到音乐学院深造，却被一所师范院校录取了，毕业后在一所小学做了代课老师。当时老师是一份体面的职业，收入稳定又受人尊敬。然而帕瓦罗蒂的兴趣并不在此，他热爱音乐，希望成为一名歌唱家。当时他的家庭并不富裕，成为一个有着稳定收入的教师对他来说再好不过了。因此他既不想放弃教师的职业，又不想放弃自己的理想。最后他想出了一个折中的办法，先当一名教师，教学之余练习唱歌，然后再成为一名歌唱家。他把这个想法告诉了父亲。

父亲听了帕瓦罗蒂的话，指了指身边的两把椅子，问他："你能同时坐在这两把椅子上吗？"

帕瓦罗蒂摇了摇头。父亲神情庄重地告诉他："孩子，人不能同时坐两把椅子，那样只会掉到椅子中间的地上。在生活中，你必须学会放弃其中的一把椅子。"

帕瓦罗蒂领悟了父亲的话，毅然地放弃了教师职业，选择了歌唱这把"椅子"。通过自己的努力，他最终成了举世闻名的歌唱家。

■ 热爱美食的帕瓦罗蒂

对于帕瓦罗蒂来说，300 余斤的大块头似乎可以算作这位高音之王的一个标志了。这位身材臃肿的歌唱家对美食的热爱甚至超过了唱歌。帕瓦罗蒂在伦敦皇家歌剧院演唱时，曾多次应邀出席白金汉宫的晚宴。他曾在自己的传记中提到过这么一件事。

有一次，他在海德公园举办了一场音乐会。查尔斯王子和夫人戴安娜王妃也出席了这场音乐会。在音乐会开演之前，帕瓦罗蒂问查尔斯王子可否在音乐会上为他的夫人献唱一首歌，查尔斯王子连声道谢。演唱会接近尾声时，帕瓦罗蒂在场上宣布："我在查尔斯王子的允许下，将下面这首选自普契尼歌剧《曼侬·莱斯柯》的咏叹调《我从未见过这样的女人》献给戴安娜王妃。"戴安娜王妃听完献唱歌曲后，异常激动，并答应演唱会结束之后和帕瓦罗蒂一同参加晚宴。

晚餐的时候，每个人都点了自己喜爱的食物。戴安娜王妃点的是烤虾，泛着油光的红虾看上去十分诱人。帕瓦罗蒂坐在戴安娜王妃一旁，看着她美味的烤虾，垂涎欲滴，但又不敢直接向她要，于是委婉地问她："王妃，这些虾子想必很棒，对吧？"戴安娜王妃回答说："确实不错！"却没有流露出一点要与他分享的意思。帕瓦罗蒂只好暗自眼馋。过了一会儿，他实在忍不住了，又问："王妃，这些虾子是

否真的美味？"戴安娜王妃微微一笑，然后热烈地点头。帕瓦罗蒂见王妃还没有与他分享美味的意思，只好说："听着，我已经尝试了两次都没有成功，现在只好直接开口要求，你能否分一只虾给我？"

戴安娜王妃脸微微一红，语带歉意地说："很对不起，我没有注意到……"然后顿了一顿，又轻声说道："可是，我不习惯别人分享我的食物。"对此，帕瓦罗蒂在传记中写道："如果这是真的，她若到我家用餐的话，她的麻烦可就大了。"

1976 年 2 月 21 日帕瓦罗蒂和琼·萨瑟兰同台演出

第三节 影视舞蹈

卢米埃尔兄弟——纪录片的开山鼻祖

我们所做的只是再现生活。

▲ 在 1895 年 12 月 28 日首次放映电影的卢米埃尔兄弟

○ 奥古斯特·卢米埃尔（Auguste Lumiere，1862—1954）、路易斯·卢米埃尔（Louis Lumiere，1864—1948），兄弟俩同为法国演艺家和导演，曾研制出了立体电影，发明了第一代彩色胶片，并改造了美国发明家爱迪生所创造的"西洋镜"，将活动影像借由投影放大，让更多人能够同时观赏。兄弟俩还是纪录片的开山鼻祖，曾拍摄了多部纪录片并将其公开放映。代表作品有《火车进站》《工厂的大门》《烧草的妇女们》《出港的船》《代表们登陆》《警察游行》等。

■ 少年天才的神奇发明

卢米埃尔兄弟出生在法国东部的贝松桑，父亲安东尼本来是一个招牌画匠，后来经营照相馆。在父亲的影响下，兄弟俩都学会了摄影。卢米埃尔兄弟在物理和化学方面表现出了惊人的天赋，为此父亲将他们送入当时最好的技工学校去学习。

当时氯化银的摄影胶片已经问世，但是质量不稳定，价格也非常昂贵。为了节约成本，便于操作，安东尼一直想自己制作摄影胶片，可是几次尝试都没有成功。聪明的路易斯发现了问题，父亲居然用母亲称面粉的秤来称化学试剂，这样称量的很多试剂用量偏差很大，自然不能成功。他改用精确的天平秤来称量化学试剂，结果做出了非常好的电影胶片，不但质量稳定，而且适宜大量生产。儿子的惊人天赋令安东尼极其兴奋，他决定全力支持孩子的发明。

一次，安东尼买回了美国科学家爱迪生发明的"西洋镜"，它大如五斗橱，重达 50 千克。"西洋镜"有一个小孔，人们朝里看时，可以看到里面的景物，甚至还会动。但是它只能供给一个人观看，而且画面会不时跳动，很不稳定。这种机器当时的价格也非常昂贵，要 6000 法郎一台。

卢米埃尔兄弟立即被这台神奇的机器吸引了，整日站在小孔前观看，并想要改进它制造出一个可以让大家一起观看的画面清晰稳定的机器，为此茶饭不思。一天深夜，路易斯在设计胶片传送的模拟图时忽然想到：用缝纫机缝衣服时，衣料不正是做"一动一停"式的运动吗？当针插进布里时，衣料不动；当缝纫机针缝好一针向上收起时，衣料就向前挪动一下，这不是跟胶片传送所要求的方式很像吗？于是，他兴奋地告诉哥哥奥古斯特，可以用类似缝纫机压脚那样的机械所产生的运动来拉动片带。当这个牵引机件再次上升的时候，尖爪便在下端退出洞孔，而使胶片静止不动。经实验，路易斯的想法果然可行。

路易斯的发明解决了画面跳动的问题，使画面变得清晰、稳定了。但是他的雄心是要大家一起观看，这就要求必须把画面投射到墙上才行。兄弟二人冥思苦想，夜以继日地研究、实验，用了一年多的时间，终于设计并制造出了世界上第一台电影放映机。

■ "再现生活"的纪录影片

卢米埃尔兄弟名垂青史不但在于他们改造了"西洋镜"，还在于他们对电影艺术所做的杰出贡献。

1895 年 12 月 28 日，在卡普辛大街 14 号大咖啡屋的地下室，墙上挂着一条白色的床单，房间里摆了 100 多把椅子，稀稀拉拉地坐着一些人。突然，灯光熄灭了，墙上挂着的白色床单上出现了巴黎哥德利埃广场的画面。画面静静地凝固在那里。几秒钟之后，床单上的画面突然动了起来，一辆马车经过广场，接着床单上又出现了其他的车辆和人群，不一会儿大街上就变得熙熙攘攘了。观众们震惊得目瞪口呆。这就是卢米埃尔兄弟放映的世界上第一场营业性电影。

当时，摄影界存在着两种不同的摄影倾向：一种是以卢米埃尔兄弟为代表的"再现生活"的摄影倾向，另一种是以梅里爱为代表的"虚构生活图景"的摄影倾向。而这两种摄影倾向就是日后纪录片和故事片的雏形。卢米埃尔兄弟主张真实地捕捉和记录现实生活的情景，使人们看到自己身边那些真切的生活和熟悉的人群。《工厂的大门》《火车进站》《烧草的妇女们》《出港的船》《代表们登陆》《警察游行》等都直接表现了下班工人、上下火车的旅客、劳动中的妇女、划船出海的渔民、登岸的摄影师和街头行进中的警察等多种生活状态和精神面貌，真实自然地"抓住了生活实景"，记录了人类所生存的富有魅力的自然空间和人们日常生活的行为状态，使"活动电影"成为一种叙事艺术。

很多人倾向于将卢米埃尔兄弟归为伟大的科学家、发明家，但是作为早期电影形式的创始人，他们在电影艺术方面的贡献足以使他们成为一代艺术大师。

希区柯克——永远的惊悚大师

箴言

人生像一匹马，你不驾驭它，它便驾驭你。

惊悚大师希区柯克
（摄影 Fred Palumbo）

阿尔弗雷德·希区柯克（Alfred Hitchcock，1899—1980），原籍英国，1956 年加入美国国籍，并保留了英国国籍，是一位闻名世界的电影导演，尤其擅长拍摄惊悚悬疑片。在长达 60 年的电影艺术生涯里，希区柯克总共拍摄了超过 50 部的电影作品，成为历史上著名的电影艺术大师。曾获得过奥斯卡欧文·撒尔伯格纪念奖、美国导演协会终身成就奖、美国电影艺术学院终身成就奖等多项大奖。代表作有《美人计》《后窗》《惊魂记》《西北偏北》《蝴蝶梦》《列车上的陌生人》等。

■ 忧郁少年的黑暗人生，惊悚瞬间的永恒人性

提到希区柯克，人们总是会想起惊悚、悬疑一类名词。

确实如此，希区柯克不仅成为惊悚、悬疑的代名词，而且成为一种固定的电影手法和精神。

希区柯克生于伦敦东部的一个天主教家庭，9 岁时被送到圣·伊格纳修斯公学的基督教学校上学。学校制定了严格的校规，违反校规的学生将遭到鞭打。据《希区柯克和他的时代》描述，违反校规的学生可以自己选择受罚时间，孩子们通常将这一可怕的时候推到晚上，因此一整天都处于焦虑、恐惧中。

这些经历使少年时期的希区柯克变得孤僻、沉默寡言。成年后，他曾回忆过少年时期的生活：那时他特别害怕黑暗，而且十分害怕上楼梯，他总认为家中楼梯拐弯处的黑暗里一定藏着什么可怕的东西；他喜欢行走在伦敦潮湿的街头，喜欢阅读地图、列车时刻表和旅行手册，因为那些图片意味着远方，他总觉得在那遥远的地方，有一种神秘的力量在召唤他。

这些心理体验对他日后的导演风格产生了重要影响。他总是让观众在恐惧、焦虑中等待令他们期盼的故事情节，并且这些情节操控着观众的心理，让他们也觉得

电影中有某种神秘的力量在召唤他们。在这种神秘力量的带领下，跟随着故事中的主人公一步步揭开故事的神秘面纱。而面纱后面的面孔，也就是故事的结局往往出人意料，给人耳目一新的感觉。

而对于故事中涉及的道具，希区柯克却往往使用具有温情色彩的事物代替。比如说恐怖电影中不可缺少的血腥，很多人以为他会用动物的血代替，事实上并非如此。对于这一点，《惊魂记》便是明证。

1975年夏天，希区柯克在片场工作时的照片

希区柯克的代表作《惊魂记》的官方海报

《惊魂记》讲述了一名盗取公款的女郎在逃亡期间投宿于汽车旅馆，却在浴室中被精神分裂的狂人杀死。她妹妹和男友加入警方的调查，在逐步侦查下终于揭开杀人魔王真相的故事。这部恐怖电影技巧大胆、画面惊人，影片中的血腥场面令观者无不为之嘶叫、惊跳。然而，谁也没有想到这种血腥画面竟然是用巧克力酱布置而成的。《惊魂记》上演后，希区柯克经常在街上遇到向他打招呼的陌生行人。

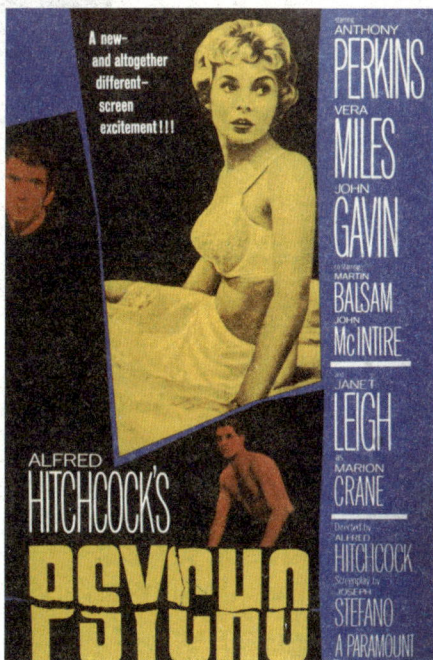

一次，他遇到了一个7岁左右的小男孩。那个小男孩一眼就认出了他，追上前问道："希区柯克先生，《惊魂记》里的鲜血你是用什么做的？是鸡血吗？"希区柯克笑着回答："不，是巧克力酱。"

希区柯克对人性的看法冷静而冷酷，对社会的剖析毫不留情，因此在他的作品中出现了形形色色的人物，变态的、温驯的、冷静的、偏执的……不管哪一类人物，都仿佛就在我们的身边。希区柯克离世已经30多年了，但他留给我们的很多荧屏经典，让我们永远记住了这位惊悚大师。

邓肯——灵与肉结合的现代舞蹈之母

箴言

舞蹈是一个对生命的完整概念，还有透过动作表达人类心灵的艺术。

现代舞之母邓肯

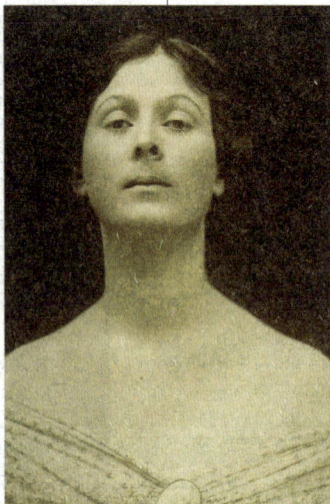

伊莎多拉·邓肯 (Isadora Duncan，1877—1927)，美国著名舞蹈家，现代舞的创始人，创立了一种基于古希腊艺术的自由舞蹈，也是世界上第一位披头赤足在舞台上表演的艺术家。代表作有《伊菲革涅亚在澳里斯》《马赛曲》和《前进吧，奴隶》等。

灵与肉的完美结合

邓肯出生于美国旧金山，自幼父母离异，她跟随母亲生活。母亲是一位音乐教师，从小就给予她良好的音乐教育，并培养了她对舞蹈的兴趣。邓肯 6 岁就能教小伙伴跳舞，并对古板僵化的古典芭蕾舞表现出极大的反感。她向往自由、无拘无束的舞蹈，希望用自己的舞蹈诠释音乐家的作品，使人们能通过她的舞蹈认识并理解音乐家的作品。

邓肯向往自然，以自然为师，把自己的舞蹈建立在自然的节奏和动作之上。她认为，自然界的舞蹈没有技巧，只是生命的一种本能而自由的运动；人类的舞蹈也应如此，摒弃固定的舞蹈技巧，自由地舞动躯体，让每一个动作都淋漓尽致地表现生命的美好。

邓肯像森林女神一般，披着薄纱轻衫，在森林中赤足起舞，走向红尘世俗。她是在阳光紫霞之下起舞的自由女神，是灵魂与肉体的完美结合。

镶嵌金色花边的水仙

邓肯是作为现代舞蹈之母登上历史舞台的。然而她的舞蹈最初在旧金山并没有获得认可。1890 年，她和母亲来到了芝加哥，迫于生计，她暂时加入了戴利的哑剧团。然而剧团为了盈利，竟要求邓肯在舞台上进行艺妓表演。邓肯愤然离开剧团。

离开剧团后的邓肯生活陷入了窘境。然而这次窘困却成了邓肯艺术生涯的转折点。邓肯在自传中这样叙述那时的情景：

离开剧团的那天，她惆怅地走在街上。忽然，一阵蓝色之音飘到她的耳畔，忧郁的曲调如泣如诉，如怨如慕。这乐曲仿佛就是为自己此刻的心情量身打造的，年轻的那吉苏斯寂寞地站在小溪边，顾影自怜。他不能在人群中找到自己，只能在水中找到自己，清纯单薄。于是他纵身跃入溪流之中，在音乐的波光之中，变成了一朵水仙花……

邓肯沉浸在音乐声中，只觉得自己也变成了一朵水仙花，一朵镶嵌着金色花边的水仙，在清澈的溪流中欣然起舞。音乐一结束，她便立即跑回家中，编排了舞蹈《那吉苏斯》。

一天，邓肯正伴着《那吉苏斯》这首乐曲练舞，忽然从门外冲进一位年轻人，怒气冲冲地对她说："不准用我的曲子跳舞，舞蹈只会败坏它。不准！"来人是当时最杰出的音乐天才，《那吉苏斯》乐曲的作者——涅文。邓肯一时愣住了，随后温柔地对他说："我要用您的曲子跳个舞。

优雅的邓肯女士
（摄影 Paul Berger）

如果您不满意，我发誓，今后决不再用它来跳舞。要是您觉得还不错，那么，请您抛弃对舞蹈的偏见。"

邓肯悠然起舞，仿若那吉苏斯在水边卓然而立，忧伤的心灵自手指漫开，化作一片美丽的光晕、水光、花影……

她的最后一个动作还没有做完，涅文就从椅子那边冲了过来，激动地说："天使，你是真正的天使！我创作这首乐曲时，心中呈现的恰恰就是你所表现的形象。"

一时灵感奔涌的涅文立刻走到钢琴边弹奏起来。

泉水叮咚，花开百树；茂林修竹，鹂雀千啭。悬在枝头的太阳，是这个季节唯一的果实，飞翔的女神捧着它，冉冉升腾……

一曲弹罢，涅文望着邓肯说："这是我专门送给你的即兴演奏曲，你给它取个名字吧。"邓肯脑中拂过了春天的景象，便说："谢谢你。我看，就叫它《春天》吧！"

涅文决定借助自己的影响让邓肯的舞蹈走向观众。于是他亲自为邓肯在卡内基会堂的小音乐室筹备了几场演出。邓肯的舞蹈演出获得了巨大成功，在纽约轰动一时。"现代舞之母"成功地进入了舞蹈圣殿。

卓别林——播种欢乐的喜剧大师

▲ 喜剧大师卓别林在《淘金记》中塑造的做着发财梦的流浪汉

查理·卓别林（Charles Chaplin，1889—1977），20世纪著名的英国喜剧演员，现代喜剧电影的奠基者，在世界范围内享有盛誉。经典荧屏形象是头戴圆顶礼帽、手持竹手杖、足蹬大皮靴、走路像鸭子的流浪汉，这一形象成为卓别林喜剧片的标志，风靡欧美20余年。卓别林是奥斯卡金像奖终身成就奖获得者、不列颠帝国勋章佩戴者、AFI百年来最伟大的男演员第10名等。代表作品有《淘金记》《城市之光》《摩登时代》《大独裁者》等。

篇言

人必须相信自己，这是成功的秘诀。

从贫困孤儿到喜剧大师

卓别林出生于英国伦敦南部地区的一个演艺家庭，父母都是艺人，在他很小的时候就分居了。卓别林7岁时，母亲失业，他便被送到贫民孤儿学校。12岁时，父亲酗酒去世，母亲因患精神病被送入一所精神病院。14岁时，他离开了孤儿学校，成了一名流浪儿。他当过报童、杂货店小伙计、玩具小贩、医生的小佣人、吹玻璃的小工人，还在游艺场扫过地。早年的贫困生活为他后来创造流浪汉形象积累了丰富的素材。

卓别林17岁时，进入著名的卡尔诺剧团，在这里他开始向卡尔诺学习表演技巧。6年后，剧团赴美国巡演，获得了巨大的成功，卓别林也凭借精湛的演技获得了美国电影制片商的青睐。之后的6年，他便在启斯东电影公司扮演各种角色。1818年，卓别林成立了自己的制片厂，同年拍摄了《狗的生涯》，塑造了流浪者夏尔洛的形象：小胡须、细小的竹拐杖、圆顶硬礼帽、窄小的礼服、特大号的裤子及皮鞋。这是在儿童天真的想象中威严的成人形象。

卓别林的影视生涯延续了 70 余年，一生共出演过百余部片子，其中喜剧片就有 80 余部。他是一个集编写、导演、表演和发行等多种才华于一身的戏剧天才。他出演的《淘金记》《城市之光》《摩登时代》《大独裁者》《凡尔杜先生》《舞台生涯》等作品深入人心，成为电影史上的不朽之作。卓别林以其精湛的表演艺术，在世界各地播撒了欢乐，表达了他对下层劳动者的深切同情以及对贪婪无耻的资本家的讽刺与批判。在艺术史上，他是一位播种欢乐的伟大艺术家，在思想史上，他是一位捍卫人道主义的思想巨人。

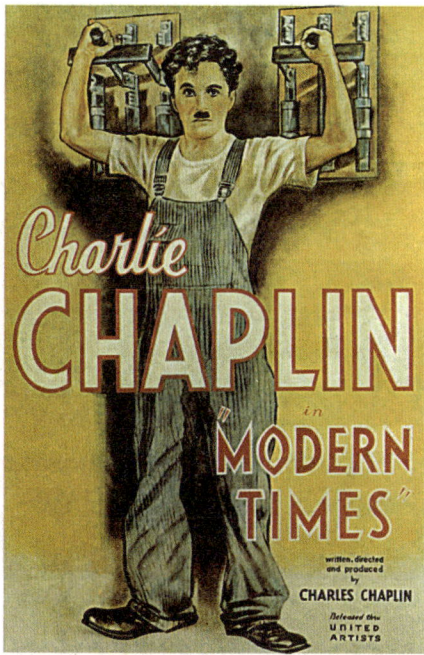

卓别林主演的电影《摩登时代》的宣传海报

■ 聪明的卓别林

生活中的卓别林冷静沉稳、灵活机智。他常常一人外出，遇上危险时，总能凭借其智慧化险为夷。

一次，卓别林骑着自行车带着一笔巨款独自外出。在行至一处僻静之地时，突然跳出一个凶神恶煞的男人，拦住了卓别林的去路。卓别林请求他让路，岂料那男人恶狠狠地掏出手枪，指着卓别林，让他把钱交出来再走。卓别林假意答应，拿出钱，可怜兮兮地望着前来抢钱的男人，恳求道："这是我家主人要我从银行提取出来的，请您帮个忙，在我的帽子上打两枪，我回去好向主人交代。"那男人粗鲁地笑了两声，见卓别林一副可怜巴巴的样子，便在他帽子上打了两枪。

"要是只有帽子上两枪远不能让主人相信我，他一定会认为是我把钱拿走了。请您帮帮我，再在我的衣襟上打上两个洞吧。"卓别林继续哀求道。

那男人看了看卓别林，在他的衣襟上又打了两枪。

卓别林连声道谢，又央求道："主人肯定会说为什么只打上身不打下身？您好人做到底，再朝我的裤脚上开几枪吧。这样更真实，我也更好向主人交代了。"强盗不耐烦地朝卓别林的裤腿连开几枪。突然枪不响了，原来子弹已经打光了。

这时，卓别林迅速夺回钱包跳上自行车，飞一般地蹬踏起来，成功摆脱了那个强盗的控制。

迪士尼——自成一家的动画大师

我希望我们永远不会忘记一件事，这一切都是由一只老鼠开始。

著名动画大师华特·迪士尼

WALT DISNEY

迪士尼先生的签名与迪士尼公司的 Logo，是不是同样很妙？

华特·迪士尼（Walt Disney，1901—1966），美国著名动画大师、企业家、导演、制片人、编剧、配音演员、卡通设计者，举世闻名的迪士尼公司创始人，一位备受美国人民热爱和怀念的长者。他和他的职员一起创造了许许多多著名的、深受世人欢迎的卡通角色，其中最经典的卡通形象是米老鼠。他一生共获得 48 项奥斯卡奖提名（一说是 56 项）和 7 项艾美奖，是世界上获得奥斯卡奖最多的人。代表作品有《白雪公主》《爱丽丝梦游仙境》《米奇与魔豆》《木偶奇遇记》《小鹿斑比》等。

■ 创造欢乐王国的迪士尼

迪士尼生于美国芝加哥，5 岁时跟随父母搬到了一个农场。在那里，他度过了幸福的童年时代。农场中的鸡、鸭、牛、羊等动物为他日后创作卡通形象带来了灵感。9 岁时，迪士尼来到城里，由于家庭生活困难，他独自走上街头卖报。那时，他常常用卖剩下的过时报纸画漫画，积累了一定的漫画基础。16 岁时他进入夜校学习，开始给杂志画漫画。那时正值第一次世界大战，欧洲战场急需征兵。迪士尼谎报年龄参军，被派往法国参战。

第一次世界大战结束时，迪士尼曾被派往法国战场，在那里他是一名救护车驾驶员，在他驾驶的车上，他仍不忘画上一个有趣的小漫画

一战结束后，迪士尼进入一家广告公司从事插画工作，1920 年正式接触动画。两年后开始尝试自制卡通，完成一系列《小欢乐》卡通。1928 年，迪士尼推出了卡通形象米奇。米奇可爱的造型、独特的性格立即获得了人们的认可，瞬间红遍全国。而迪士尼并不满足于此，他想把银屏上的米奇搬到现实世界中来。

■ 匠心独运，自成一家

自卡通动画诞生以来，它一直充当电影节目单上的配角。而迪士尼则以一部动画版的《白雪公主》打破了普通电影一统影院的格局！

在迪士尼之前，已有人拍摄过动画版的《白雪公主》，但还是和以往的动画片一样短小。迪士尼想将这个题材拍摄成一部动画长片。1934 年的一个晚上，迪士尼召集了公司的几位主要动画师开了一个简短的会议。他将自己的想法向大家表明之后，便给在场的每一个人分配角色，让他们按照设想中的情节，表演"白雪公主"的故事。表演完毕，迪士尼激动地对众人说："我拥有最有同情心的小矮人，我抓住了问题的关键，还增加了王子和白雪公主的罗曼史。我想这是个完美的故事。"

随后，大家都怀着激动的心情期待着这一部动画大片。很快，《白雪公主》的剧情大纲草拟完成，白雪公主、皇后、王子、小矮人的形象也很快设计完毕。

然而，《白雪公主》的进展并没有迪士尼预想中的那么顺利。1936 年末，迪士尼公司遭遇了资金瓶颈，制作《白雪公主》花费的资金比预算高出 50 万美元。这让为迪士尼公司提供贷款的银行家们感到了危机，于是他们要求查看影片的进展情况，迪士尼迫于无奈只好答应了这个要求。

银行家约瑟夫·罗森伯格先生在观看影片时，始终面无表情。等到他将要上车离开时，突然转身对迪士尼说了一句话："这个东西将给你带来一大笔钱。"

1937 年 12 月 21 日，由迪士尼公司历时 3 年、花费近 200 万美元全力打造的全球首部动画长片（剧场动画）《白雪公主》在美国洛杉矶哥特圆环戏院上映。首映当天，好莱坞的大人物悉数到场。影片唯美精致的画面和曲折离奇的故事牵动着在场每一位观众的心：小矮人滑稽的动作让所有观众捧腹大笑；皇后的凶残狠毒又让每一位观众都恨得咬牙切齿；影片放映到白雪公主吃了毒苹果死去时，悲伤的情绪弥漫在影院的每一个角落；而当公主被王子的亲吻唤醒时，人们又在欢呼声中祝福白雪公主。在长达 84 分钟的影片放映结束时，全场响起雷鸣般的掌声，经久不息。

1955 年他又将动画片的表现手法与游乐园的功能相结合，推出了世界上第一个现代意义上的主题公园——洛杉矶迪士尼乐园。如今，迪士尼乐园已经遍及世界各地，成为人们寻找童真、感受欢乐的乐园。

第二章

Part 2

中国篇

Home Article

　　孕育在东方大地上的华夏文明，自然也少不了一代代卓越超群的艺术巨擘。他们的出现推动了艺术的发展，留下不可磨灭的滚滚车辙。这其中有笔简意远的山水画祖师吴道子，意态生动的风俗画家张择端，临池学书的"一笔书"草圣张芝，技贯中西的现代绘画之父徐悲鸿，大风堂画派始祖张大千……这些艺术巨匠们或继承发扬，或创新开拓了中华古老的艺术天地，攀上了后人难以企及的艺术高峰。

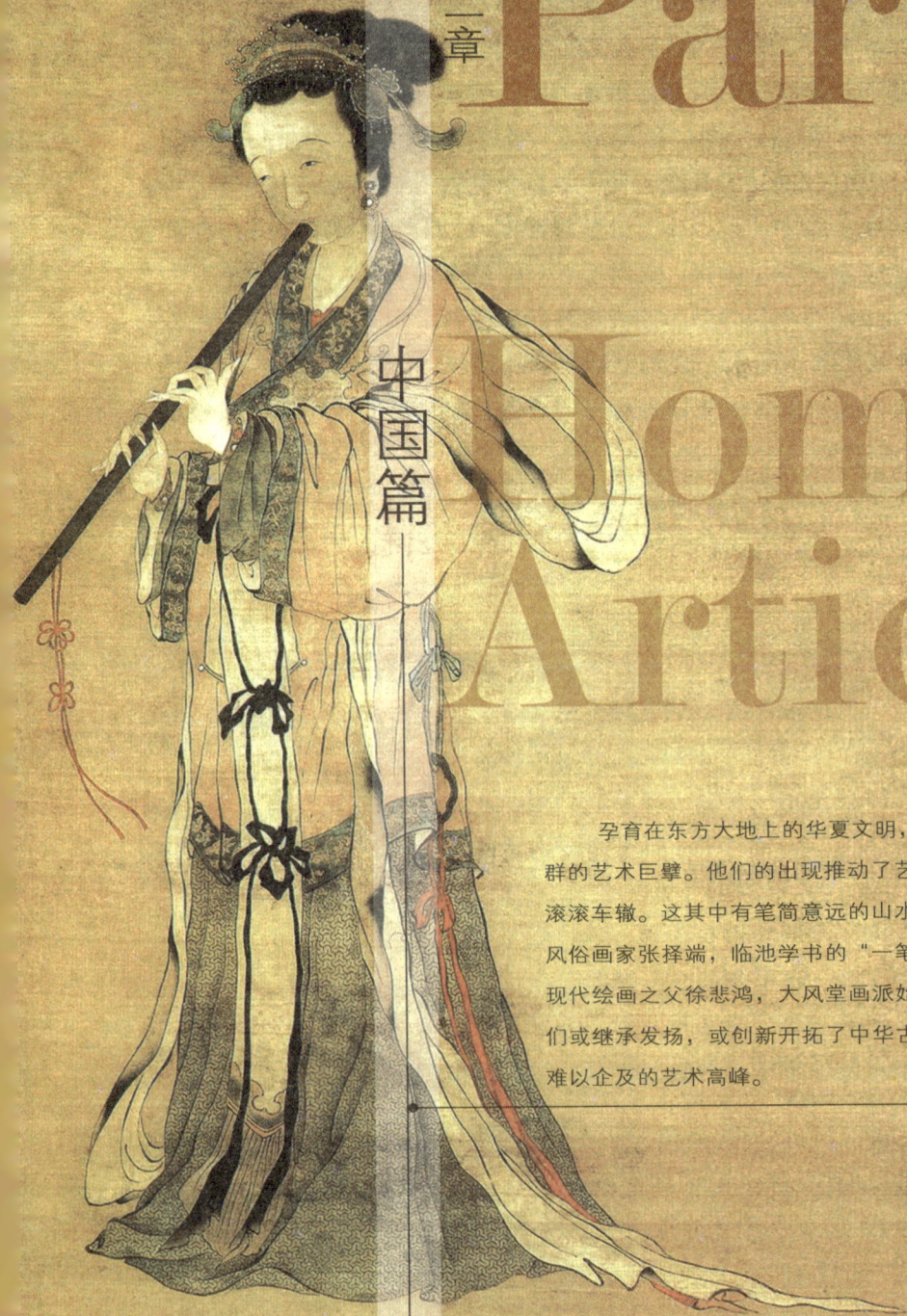

张芝——临池学书的"一笔书"草圣

箴言

芝书如汉武爱道，冯虚欲仙。——梁武帝

张芝，东汉书法家，生年不详，约卒于汉献帝初平三年（公元192年），敦煌酒泉瓜州县渊泉镇（今甘肃酒泉市瓜州县四道沟老城一带）人，字伯英。东汉太常卿张奂之子，勤学好古，淡于仕进。工书，尤善章草，后脱去旧习，省减章草点画、波磔，成为"今草"。

南朝画家袁昂评其书曰："伯英章草，似春虹饮涧，落霞浮浦，又似沃雾沾濡，繁霜摇落。"他的书迹仅在《淳化阁帖》存有五帖，其墨迹及著作《笔心论》，今已佚失。

■ 张芝临池学书

张芝出生于官宦世家，父亲张奂曾任太常卿。张芝从小就对书法极感兴趣，尤其钟情于草书。少年时曾经学习过当时著名的书法家崔瑗、杜操的书法，颇得二人神韵。父亲张奂见张芝如此钟爱书法，为了方便他习文练字，就请人在家中的庭院内锻造石桌、石凳，并开凿了一个水池。张芝十分高兴，从此每天到池边练习书法。他以布帛为纸，先在布帛上练习书法，写满后在池中漂洗干净继续使用。日复一日，年复一年，水慢慢变成了黑色，最后整个水池都成为一个墨池。后来人们称之为"张芝墨池"。

经过多年努力，张芝已经将崔杜二人笔法烂熟于心，并摆脱旧俗，专精其妙，独创草书一体。张芝的草书，几乎是一笔写成，偶尔有不相连的笔画，笔画之间也血脉贯通，字迹一气灌注，隔行不断，开书法一代新天地。时人称其书法为"一笔飞白"，历代书法大家称张芝草书为"一笔书"，尊称张芝为"草圣"。

唐代书法家张怀瓘认为张芝的草书"劲骨丰肌，德冠诸贤之首"，将其奉为"草书之首"，并在《书断》一书中对张芝所创的"一笔书"进行了精辟的概括。他认为"一笔书如行云流水，拔茅连茹，上下牵连，或借上字之下而为下字之上，奇形离合，数意兼包""字之体势，一笔而成"。王羲之对张芝推崇备至，师法多年，始终认为自己的草书不及张芝。他曾钦佩地说，张芝"临池学书，池水皆墨，好之绝伦，吾弗如也"。

刘德昇——风流婉约的行书鼻祖

箴言

德昇以造行书擅名。晋以草创，亦甚妍美，风流婉约，独步当时。

——唐·张怀瓘

刘德昇，东汉桓帝、灵帝时著名书法家，生卒年不详，颍川（今河南禹州市）人。字君嗣，纤书书法创始人，因创造了介于楷书与草书之间的"行书"字体，又被后世称为"行书鼻祖"。其纤书书法虽草创，但字迹妍美，风流婉约，务求简易，笔画从略，离方遁圆，浓纤间书，如行云流水，被后人列为"妙品"，独步当时。

■ 刘德昇苦创婉约行书

刘德昇自幼酷爱书法，小时候曾随父亲练习书法。当时，篆书、隶书、楷书和草书四体风行，刘德昇练习书法之初自然也是从这四种书体着手。开始时，他总觉得这四种书体博大精妙，练习的时间一长，就发现了这四种书体的缺陷。篆书、隶书、楷书有固定的书写法则，太过死板，使其书写不够快捷；草书简约随意，却又太过狂放，不易辨认。于是他想创造一种既便于书写，又便于识认的新书体。

这个想法在小德昇的脑海中盘旋了好久，然而他始终想不出这样一种书体。一天，小德昇和家人一起吃饭，吃到一半时他突然放下碗筷，用手指在桌上比画起来，口中念念有词。母亲见此情景，心中大惊，慌忙问道："孩子，你怎么了？是病了吗？"刘德昇摇摇头，回答道："不，娘，我很好。我是在尝试发明一种新书体呢！"母亲听后，摸着小德昇的脑袋，意味深长地说道："孩子，你的想法很好，可是不管做什么事情，都要先打下扎实的基础。练习书法也不例外，你要想发明一种新书体，必须要从已有书体中汲取养分。所以你还是先把书法的基本功打好吧！"

刘德昇听从了母亲的建议，继续练习已有的四种书体，夙兴夜寐，废寝忘食。后来他终于在楷书和草书的基础上创造了一种新书体，后人称之为"行书"。行书字体妍美，风流婉约，务求简易，笔画从略，离方遁圆，浓纤间书，如行云流水，非常快捷，既不像楷书那么拘谨呆板，也不像草书那么狂放难认，一经问世就广受欢迎。

刘德昇创造的行书对后世书法家影响深远。三国时期魏国书法家钟繇、胡昭学习刘德昇书法，并称"钟瘦胡肥"。东晋王羲之父子精研刘德昇行书，将行书推进到臻于完美的艺术高度。

蔡邕——骨气洞达的『飞白』始祖

蔡邕（133—192），东汉文学家、书法家，陈留圉（今河南省开封市陈留镇）人，字伯喈，权臣董卓当政时拜左中郎将，故后人称之为"蔡中郎"。他通经史，善辞赋，精于书法，尤工隶书，创"飞白"书体，对后世影响甚大。代表作有《熹平石经》。此外，他还是汉代书法理论的集大成者，传世书论有《篆势》《笔赋》《笔论》《九势》等。

箴言

疾华尚朴，有百折不挠，临大节而不可夺之风。

《三才图会》中的蔡邕画像

■ 蔡邕偶创"飞白"书

蔡邕年少时就博学多才，爱好广泛，经史、辞赋、数术、天文、音乐等领域都有涉猎，最擅长的是书法。有人称赞其书"骨气洞达，爽爽有神力"。他创造了"飞白"书体，这种书体笔画中丝丝露白，似用枯笔写成，实则灵动飘逸，自然传神。据说，蔡邕创造"飞白书"的灵感来源于工匠用扫帚刷墙一事。

一次，他写了一篇文章，要送到皇家的藏书处鸿都门。蔡邕在等待通报的时候，见旁边有几个工匠正用扫帚蘸着石灰水刷墙，闲于无事，他就在一旁观察。由于扫帚苗较稀，蘸不了多少石灰水，墙面又不太光滑，因此工匠每次刷完一扫把，白道里仍有些地方露出墙皮来。看着看着，他突然眼前一亮：要是像工匠刷墙一样去练习书法会有怎样的效果？人们写字往往是蘸足了墨汁，一笔下去笔道全是黑的。要是墨汁不饱满，让黑笔道里露出些帛或纸来，效果不是更好吗？

想到这儿，他顿时来了兴致，交完文章立即奔回家中，铺开书帛，蘸好墨水，想着工匠刷墙时的情景，提笔就写。然而，要将想法转换为实际并不容易，往往要经过千百次的实践。对于蔡邕来说也不例外，工匠刷墙露出墙皮那是无意而为之，书写时要在黑色的笔道中露出白色并非易事。他毫不气馁，经过千百次的尝试，终于掌握了这一书写技巧，对蘸墨多少、用力大小和行笔速度快慢等方面都有了精确的标准，写出了黑色中隐隐露白的笔道，使字变得飘逸飞动，别有韵味。

二王——称霸书坛的书法双圣

王羲之画像，出自 1921 年出版的由清代画家上官周创作的《晚笑堂竹庄画传》

王羲之（321—379，一作 303—361，又作 307—365），东晋著名书法家、文学家，字逸少，号澹斋，原籍琅琊（今山东临沂），后迁居会稽（今浙江绍兴）。曾任会稽内史，领右将军，人称"王会稽""王右军"。其书法平和自然，笔势委婉含蓄，遒美健秀，有"书圣"之称。代表作品有《黄庭经》《乐毅论》《兰亭集序》，草书《十七帖》《初月帖》等。

王献之（344—386），东晋著名书法家、诗人，王羲之第七子，字子敬，官至中书令。书法众体皆精，尤以行草著名，敢于创新，不为其父所囿，为魏晋以来的今楷、今草做出了卓越贡献，在书法史上被誉为"小圣"，与其父并称为"二王"。代表作品有《鸭头丸帖》《中秋帖》《淳化阁帖》等。

箴言

二字合为一体，重不宜长，单不宜小，复不宜大，密胜乎疏，短胜乎长。——王羲之

古之章草，未能宏逸，顿异真体，合穷伪略之理，极草踪之致，不若稾行之间，于注法固殊。——王献之

■ 王羲之自悟用笔要诀

王羲之出生于名门贵族，伯父王导是当时的宰相，父亲王旷曾任淮南太守。王羲之自幼喜爱书法，那时卫夫人的书法名震天下，王家又与卫家世为中表，因此王羲之得以拜女书法家卫夫人卫铄为师。王羲之临摹卫书一直到 12 岁，虽然已经写得一手好字，但自己总觉得不满意。

张怀瓘在《书断·王羲之》一篇中记载了王羲之学书的故事。

王羲之 12 岁时，有一天在父亲的枕头里发现了前人所著的《笔说》一书，就私自翻开阅读。父亲发觉后问道："你为什么偷看我秘藏的书籍？"羲之笑而不答。母亲和颜悦色地问他："你是不是在看笔法？"《笔说》内容深奥，成人都很难看懂，父亲觉得王羲之年纪尚小，不可能发觉书中的奥妙，就对他说："等你长大成人后再看吧，那时我便把笔法的知识传授给你。"羲之恭敬地对父亲叩首，恳求道："请您现在就让我看吧，等到我成人以后再看恐怕晚了。"

父亲见小羲之求知心切，非常高兴，于是就把书交给他看。不到一个月，羲之的书法便大有长进。卫夫人见王羲之的书法突飞猛进，便对太常王策说："这孩子必定是看了用笔要诀，我近来看他的书法，已老成大器了。这孩子将来的名声必定会超过我！"

唐代书法家冯承素临摹的王羲之的《兰亭序》（局部）

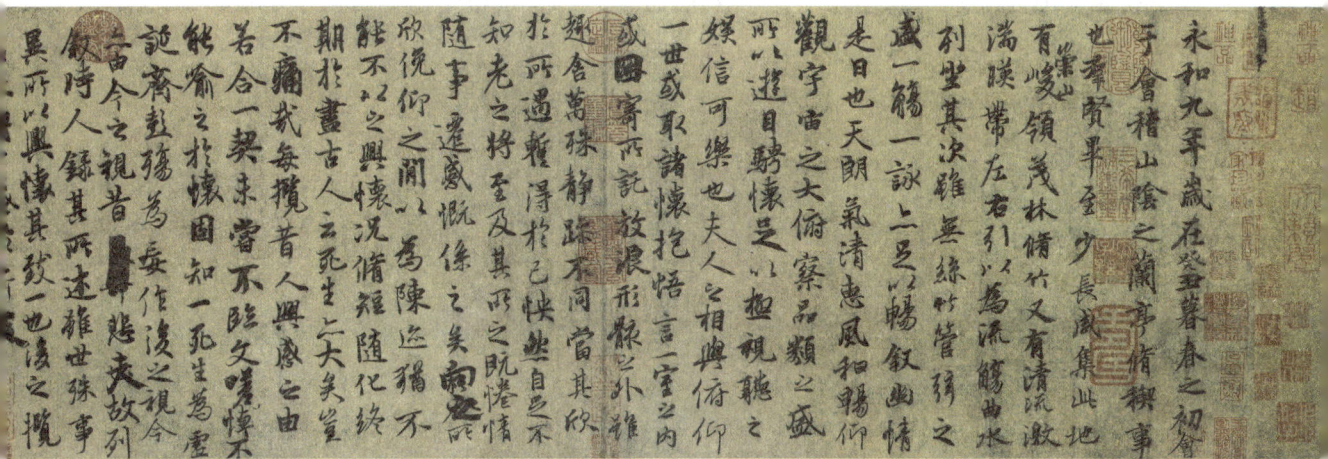

■ 王羲之书换白鹅

王羲之对白鹅有着特别的情感，他认为养鹅不但可以陶冶情操，还能从鹅的某些体态姿势上领悟到书法执笔、运笔的道理。他一生都与白鹅有着不解之缘，他与白鹅的故事也有很多，其中流传最广的莫过于"王羲之书换白鹅"了。

有一天，王羲之和儿子王献之乘一叶扁舟游历绍兴山水风光。船到昙襄村附近，只见岸边有一群白鹅，有的伸出一边翅膀，细心地梳理着洁白的羽毛；有的浮在水面上，悠悠地拨动着清澈的湖水；有的在岸边优雅地迈着步子……它们形态各异，但每一只鹅身上都似乎有着与生俱来的灵气。王羲之出神地看着这群洁白的天使，不禁对它们喜爱非常，想将它们买回家中，养在池塘里。王羲之经询问得知这群鹅乃是附近的一位道士所养。于是他找到养鹅的道士，希望道士能把这群鹅卖给他。

岂料道士也是爱鹅之人，并不肯割爱。经王羲之的再三请求，最后只好说："倘若右军大人实在想要，我也只好成全右军大人。但是我有一个条件，听闻右军大人书法冠绝天下，就请右军大人代我书写一部道家养生修炼的《黄庭经》吧！"王羲之求鹅心切，欣然答应了道士提出的条件。

王献之戒骄学书

王献之是王羲之的第七个儿子，自幼聪明好学，喜欢书法和绘画，七八岁便开始跟随父亲学习书法。

一次，他正聚精会神地练习书法，王羲之悄悄走到他背后，猛地伸手去抽他手中的毛笔。然而王献之握笔很牢，没有被父亲抽掉。王羲之高兴地夸赞他握笔姿势不错，将来一定能成大器。小献之听后心里很得意。

又有一次，王羲之的一位朋友让小献之在折扇上题字。献之于是挥笔便写，不料一滴墨水落在扇子上，弄脏了扇面。小献之看着滴在扇面上的墨水化开的形状有点像小牛，灵机一动，便勾画出一头栩栩如生的小牛。扇面上顿时有字有画，更具神韵。众人赞不绝口。小献之更得意了，慢慢滋生了骄傲情绪。

有一天，小献之练完书法后，拿着他的字问母亲："我只要再写上3年就能赶上父亲了吧？"母亲摇摇头。

"5年总行了吧？"母亲还是摇头。献之急了，噘着嘴巴问道："那您说究竟要多长时间才能赶上父亲？"

母亲意味深长地说："孩子，你要记住，你父亲的成就是用他的努力和汗水换来的。他写黑了一池水，你也要写完院里这18缸水，你的字才会像你父亲的字那样有筋骨，有血肉，有气韵。"

王献之不以为然，他觉得用不了几年就可以和父亲不相伯仲了。于是他继续勤学苦练，把院子里的3缸水都写尽了。

一天，王献之写了几张字给父亲看，希望能得到父亲的表扬。

岂料父亲看见他的字非但没有表扬他还一边皱着眉头一边摇头，最后沉默不语，只提笔在王献之所写的"大"字下加了一点。小献之快快不乐地从父亲那里回来，又把字拿给母亲看，并说："我按照父亲的笔法又练了5年，您仔细看看我和父亲的字还有什么不同？"

母亲看后指着"大"字下的一点，叹了口气说："我儿磨尽3缸水，唯有这一点像羲之。"

王献之这才清楚自己与父亲的差距，从此一改往日的傲气，勤心练习书法，并不为父亲所囿，创作出了具有自己特色的书法作品。后来，王献之的书法也到了力透纸背、炉火纯青的程度，和"书圣"王羲之并称为"二王"，成为我国书法史上公认的书法大家。

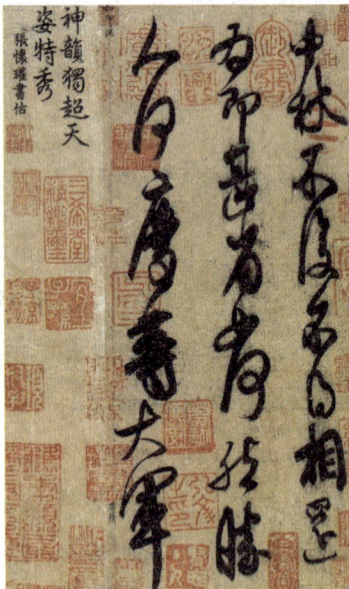

▲ 王献之《中秋帖》（局部）

欧阳询——意法兼容的唐楷第一家

欧阳询（557—641），唐代著名书法家，潭州临湘（今长沙）人，字信本。其楷书法度之严谨，笔力之险峻，世无所匹，被称为唐人楷书第一。后人以其书于平正中见险绝，最便初学，号为"欧体"。他与虞世南、褚遂良、薛稷并称"初唐四大家"，又与颜真卿、柳公权、赵孟頫并称"楷书四大家"。他对书法有其独到的见解，有书法"八诀"。代表作有碑刻《九成宫醴泉铭》《皇甫诞碑》《化度寺碑》，楷书《兰亭记》，行书《千字文》等。

■ 驻马观碑的欧阳询

欧阳询出生于潭州临湘，祖父欧阳顾曾为南梁直阁将军，父欧阳纥曾任南陈广州刺史和左卫将军等职，因举兵反陈失败被杀，并株连家族。欧阳询因年幼幸免于难，被父亲好友收养。欧阳询聪敏勤学，读书数行同尽，少年时就涉猎经史，博览古今，精通《史记》《汉书》和《东观汉记》三史。他尤其笃好书法，几乎达到痴迷的程度。

据说有一次欧阳询骑马外出，偶然在道旁看到一块古碑。古碑上的字古朴刚正，劲健有力，出自晋代书法名家索靖之手。欧阳询于是停下马细细观看，过了好久才离开。只走了百步之遥，又忍不住纵马驰回，跃下马身，伫立在石碑旁静静观看。等到站累了，他就在地上铺上皮衣坐下来观摩古碑。最后竟在古碑旁过夜，一连看了3天才离开。

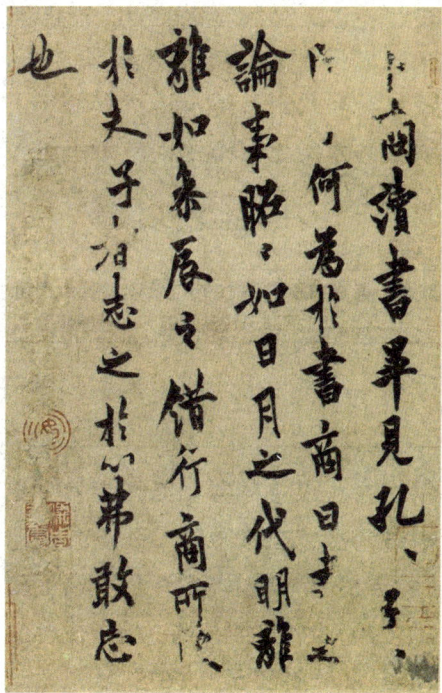

欧阳询的书法真迹《卜商帖》（局部），现藏于北京故宫博物院。行书六行，共五十三字。上有宣和内府诸印和一瘦金体题跋："晚年笔力益刚劲，有执法廷争之风，孤峰崛起，四面削成，非虚誉也。"有人认为这是宋徽宗赵佶的手笔欧阳询就是用这种痴迷的方法先后学习了王羲之和北齐三公郎中刘珉的书法，后来从中领悟出书法真谛，渐变其体，笔力险劲，自成面目，人称"欧体"，为一时之绝。欧阳询楷书结体严谨，笔势开张，笔法穿插挪让极有法度。唐张怀瓘在《书断》中称其书曰："八体尽能，笔力劲险，篆体尤精。飞白冠绝，峻于古人。"

■ 意法兼容的书法"八诀"

点如高峰之坠石。

竖弯钩似长空之初月。

横若千里之阵云。

竖如万岁之枯藤。

斜钩劲松倒折，落挂石崖。

横折钩如万钧之弩发。

撇利剑截断犀象之角牙。

捺一波常三过笔。

熟悉欧阳询书法的人一定熟悉上面这段话，这是欧阳询独创的书法理论——"八诀"。欧阳询作为一位著名的书法家为世人所知自然无可厚非，然而他更重要的贡献是对书法理论的补充和完善。"八诀"意法兼容，用形象的比喻句说明了8种基本笔画的形态特征，介绍了它们的正确书写方法。

此外，他还从自己的楷书笔法中归纳出36种结字规律和方法，即后世所传的"欧阳询结体三十六法"，精妙地阐述了书法的两大基本要素——笔法和字法的书写秘诀，为后人留下了一笔宝贵的财富。

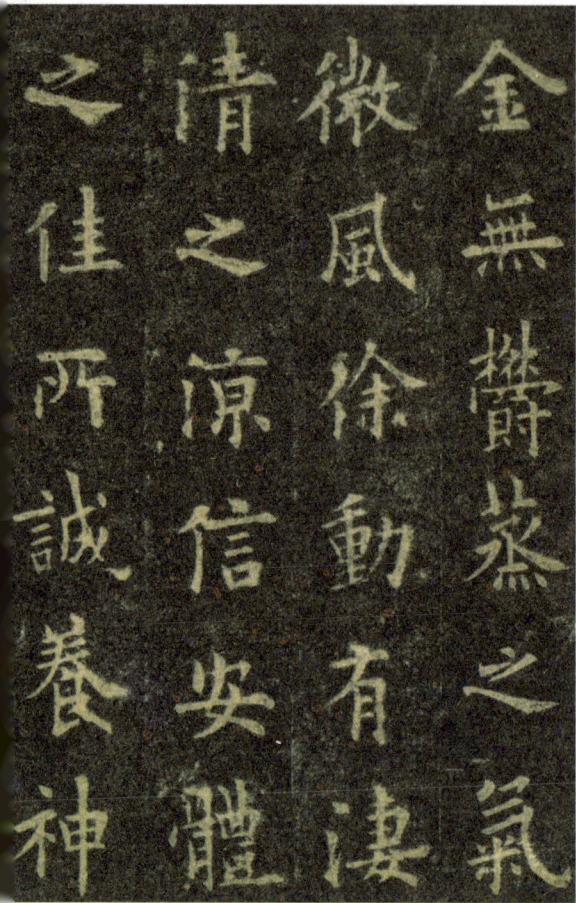

▲ 欧阳询作品《九成宫醴泉铭》的拓片

张旭——变幻莫测的草书颠神

箴言

山光物态弄春晖，莫为轻阴便拟归。纵使晴明无雨色，入云深处亦沾衣。

张旭（约675—约750），唐朝开元、天宝间吴县（今江苏苏州）人，字伯高，一字季明，曾官常熟县尉，金吾长史。善草书，性好酒，世称张颠。其草书当时与李白诗歌、裴旻剑舞并称"三绝"，诗亦别具一格，以七绝见长，与李白、贺知章等人共列"饮中八仙"，又与贺知章、张若虚、包融号称"吴中四士"。传世书迹有《肚痛帖》《草书古诗四帖》等。

■ 酒酣挥毫，落纸如云烟

"……张旭三杯草圣传，脱帽露顶王公前，挥毫落纸如云烟。……"此诗是杜甫初到长安时所作，他与张旭虽无交情，但张旭酒后挥毫的美名早已传到他的耳中，于是作了《饮中八仙歌》一诗。而张旭也因此诗获得"酒中仙人"的美称。

好饮酒，善草书可以说是张旭的两大标志，关于这两点，在《旧唐书》中也有记载：张旭擅长草书，喜好喝酒。每次喝醉了酒后，就呼号狂奔，信笔挥洒，写出来的字往往变化无穷，好似有神明相助。

在唐代文学家张固的《幽闲鼓吹》一书中，还记载了一个张旭偶得笔法真诀的故事。

张旭奉召任苏州常熟县尉，上任后十余天，有一位老人前去递交诉状，张旭判完后让他回去。没过几天，那位老人又来递交诉状。张旭于是愤怒地斥责道："你竟敢以琐碎之事频繁扰乱公门！"老人回答说："我其实不是来告状的，我见你在状纸上批的字笔迹奇妙，是值得收藏的宝贵之物，才频频叨扰。"张旭很是奇怪，就问他为什么这么喜爱书法。老人回答说："我父亲曾经学习过书法，而且还有著述。"张旭让他回去取来观看，发现其父的著述确实是天下工于书法之人所作。于是他潜心研读老者先人留传的书籍，深得笔法之妙，书法冠绝一时。

张旭性情直率，不管是喜怒哀乐、穷窘孤独，还是无聊不平，只要有感于心，必以书法将心中的情感宣泄出来。山水崖谷，鸟兽虫鱼，日月星辰，风雨雷霆，天地万物一旦进入他的笔端，便变幻如鬼神，不见其端倪。他把满腔情感倾注在点画之间，旁若无人，如醉如痴，如癫如狂。

颜真卿——形神兼备的"颜体"大师

箴言

黑发不知勤学早，白首方悔读书迟。

颜真卿画像，出自 1921 年出版的由清代画家上官周创作的
《晚笑堂竹庄画传》

戒躁得悟书法要诀

颜真卿为琅琊氏后裔，家学渊博，六世祖颜之推是北齐著名学者。颜真卿自幼爱好书法，少时家贫缺纸笔，便用笔蘸黄土水在墙上练字。为了学习书法，他先后拜"初唐四大家"之一的书法家褚遂良和狂草大家张旭为师。颜真卿拜张旭为师后，希望能在他的指点下很快学到写字的窍门。谁知张旭只是向颜真卿介绍了一些名家字帖，让他临摹而没有透露半点书法秘诀。有时候，他又带着颜真卿游山玩水，赶集看戏，回来后又让颜真卿练字。颜真卿开始时还耐心遵从张旭的教导，但时间一长心里难免着急，终于忍不住施礼恳求："学生一直谨遵老师教诲，可是几个月下来，书法毫无进展。学生恐怕有负厚望，所以恳请老师将行笔落墨的绝技秘方传授给学生。"

张旭听了颜真卿的话笑了："你这孩子，话倒说得好听！并非我不愿传授技巧给你，其实根本就没有什么书法秘诀。我见公主与担夫争路而察笔法之意，见公孙大娘舞剑而得落笔神韵。右

颜真卿（708—784），唐代中期杰出书法家，字清臣，京兆万年（今陕西西安）人，祖籍琅琊临沂（今山东临沂）。他与赵孟頫、柳公权、欧阳询并称"楷书四大家"，他创立的"颜体"楷书又与柳公权的书法并称"颜筋柳骨"。朱长文曾赞其书："点如坠石，画如夏云，钩如屈金，戈如发弩，纵横有象，低昂有志，自羲、献以来，未有如公者也。"欧阳修曾说："颜公书如忠臣烈士，道德君子，其端严尊重，人初见而畏之，然愈久而愈可爱也。其见宝于世者有必多，然虽多而不厌也。"代表作品有《麻姑山仙坛记》《小字麻姑山仙坛记》《大唐中兴碑》《多宝塔碑》《颜家庙碑》《颜勤礼碑》等。

军从白鹅身上悟得笔势，洗笔的水池被染成了墨池方有盛名，子敬练完十八大缸水，方得领悟写字要诀。要想写好字，除了观察自然、观察生活就是苦练，别无他法。练习书法要有耐心，切不可急于求成，否则将一事无成。"

从此，颜真卿勤学苦练，潜心钻研，从历代书法作品和生活中领悟运笔神韵，汲取百家之长，独创一格，完成了雄健、宽博的颜体楷书的创作，树立了唐代的楷书典范，终成享誉古今的大书法家。

■ 境界阔大的书学三境界

晚清国学大师王国维在《人间词话》中曾提出人生三境界，他认为古今成大事业、大学问者，必须经过三种境界。第一境界是"昨夜西风凋碧树。独上高楼，望尽天涯路"；第二境界是"衣带渐宽终不悔，为伊消得人憔悴"；第三境界是"众里寻他千百度，蓦然回首，那人却在灯火阑珊处"。

颜真卿在书学史上也以"颜体"缔造了三重独特的书学境界。第一境界是"立坚实骨体，求雄媚书风"。这一阶段是"颜体"的初步形成阶段。颜真卿追求"雄"中有"媚"的境界，即"点画皆有筋骨""点画净媚""其劲险之状，明利媚好"。

第二境界是"究字内精微，求字外磅礴"。这一时期颜真卿经历了"安史之乱"的动荡和接二连三的贬黜，拓展了心灵的空间，艺术体验也更加深刻，开创了正壮直肥、元气淋漓的楷书新风貌。

第三境界是"臻神明变化，与生命烂漫"。经历了半个世纪的沧桑变化，此期颜真卿对生命与书艺在反省中得到彻悟，并将生命哲学与书艺哲学合二为一。颜书在成熟中融入变化，老辣中富有生机，疏淡中蕴含风神，在笔锋得意处显现功力的炉火纯青，在圆润丰腴中透露自己的豪迈气度。

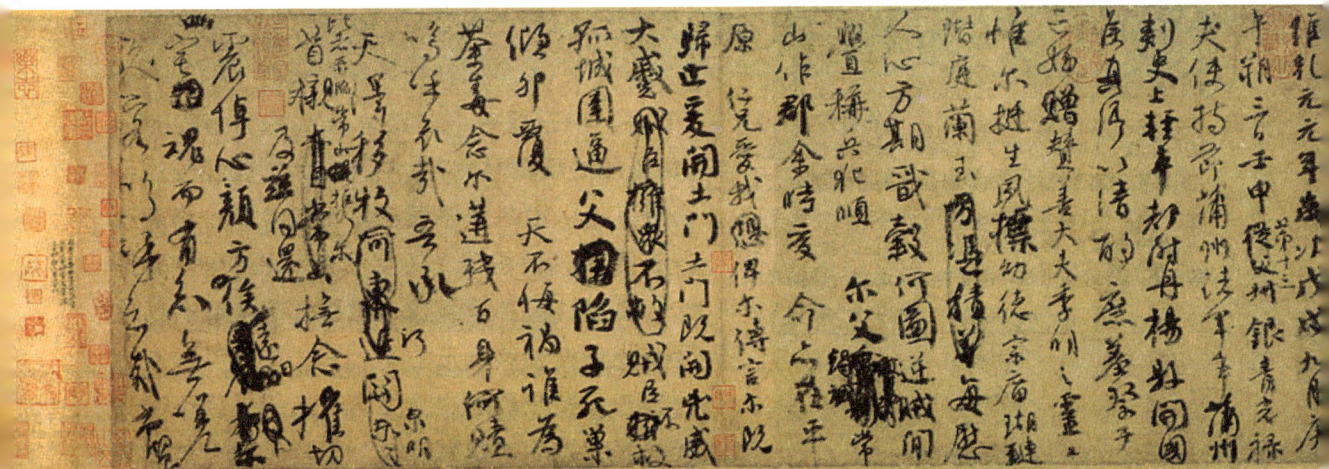

▲ 颜真卿行书《祭侄文稿》小全幅，现藏于台北故宫博物院

怀素——独领风骚的『狂草』书僧

怀素绢本千字文真迹，其点画变态，意匠纵横，初若漫不经思，而动遵型范，契合化工，有不可名言其妙者。

——明·莫如忠

怀素（725—785，一作737—799），唐代著名书法家，字藏真，僧名怀素，俗姓钱，长沙（今属湖南）人。幼年好佛，遂出家为僧。他是书法史上领一代风骚的草书家，他的草书被称为"狂草"，用笔圆劲有力，使转如环，奔放流畅，一气呵成，与唐代另一草书家张旭齐名，人称"张颠素狂"或"颠张醉素"。

■ 蕉叶勤学苦，笔冢成书名

在中国书法史上，有这么一群特殊的书法爱好者，他们不问红尘俗事，率性而为，喜爱笔翰文章，诗书双绝。他们就是唐朝的诗僧和书僧。怀素自然是这个群体中的杰出代表。

怀素十岁出家为僧，在经禅之暇，就练习书法。他勤学苦练的精神几乎无人能及。茶圣陆羽曾在《怀素别传》一书中记载了怀素勤学苦练的事迹。

怀素因为买不起纸，就在寺庙的墙上、丝帛上、器皿上练字。遭到主持呵斥后，就在漆盘、漆板上写字，写了擦，擦了写，以致把漆盘、漆板都写穿了。

后来，见寺院附近的一块荒地上种植了很多芭蕉树，又用蕉叶代纸，勤学苦练。渐渐地，老芭蕉叶居然被剥光了。但怀素舍不得摘那些稚嫩的新叶，于是他想了个办法，干脆带了笔墨站在芭蕉树前，在新叶上书写，不管春夏秋冬，严寒酷暑，从不间断。

唐代文学家李肇在《唐国史补》中曾描写道：怀素好草书，自称悟得草圣张芝的书法要领，勤学苦练，被他写坏的笔头很多。他将废弃的笔头堆集埋于山下，竟能堆成坟茔大小，于是称之为"笔冢"。

历经多年研习，怀素终于悟得书法真谛，成为书法史上独领风骚的草书家，其风格糅取各家之长，用笔圆劲有力，奔放流畅，人们将他的书法称为"狂草"，清代顾复在《平生壮观》中评价怀素的草书"有春蚓秋蛇之意，变化不可端倪，险绝也"。

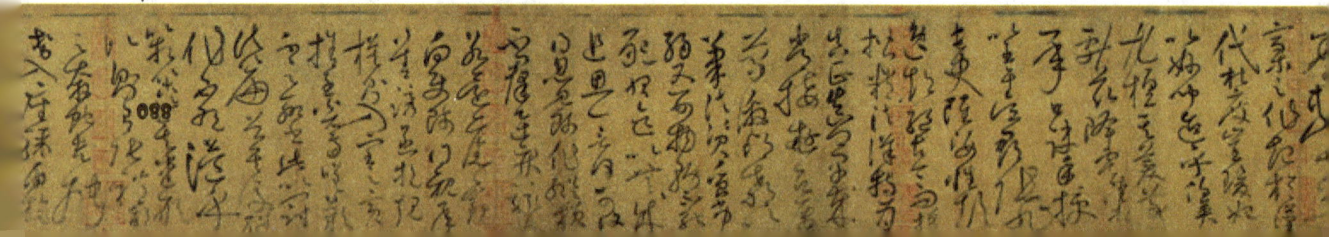

怀素作品《自叙帖》，现藏于台北故宫博物院

柳公权——骨力劲健的『柳体』宗师

柳公权（778—865），唐代著名书法家，字诚悬，京兆华原（今陕西铜川耀州区）人。官至太子少师，世称"柳少师"。其书法以楷书著称，与颜真卿齐名，人称"颜柳"。他的书法初学王羲之，后来遍观唐代名家书法，认为颜真卿、欧阳询的字最好，便吸取了颜、欧之长，在晋人劲媚和颜书雍容雄浑之间，形成了自己的柳体，以骨力劲健见长，后世有"颜筋柳骨"的美誉。他一生作品很多，碑刻主要有《大唐回元观钟楼铭》《金刚经刻石》《玄秘塔碑》《冯宿碑》《神策军碑》等，另有墨迹《蒙诏帖》《送梨帖题跋》等。

■ 柳公权戒骄成名

柳公权生于京兆华原（今陕西铜川耀州区）柳家塬，儿时常因笔迹拙劣受到伙伴们的嘲笑。于是他下定决心练字。经过一年多的日夜苦练，他的字大有长进，不但在同龄人中无人可比，就连父亲和老师也赞叹不已。小公权得到夸赞后十分得意，自以为字已经写得非常好了。

一天，柳公权和几个小伙伴在村旁的老桑树下举行"书会"，约定每人写一篇大楷，最后从中评出笔迹最佳者为冠军。公权下笔如飞，很快就写成了一幅字。这时，一位卖豆腐的老人来到桑树下休息。他饶有兴致地观看孩子们写字。

箴言

用笔在心，心正则笔正。

柳公权看见老人，便递过自己的书法问道："老爷爷，你看我写得好不好？"老人接过一看，只见纸上写着"会写飞凤家，敢在人前夸。"

老人见柳公权口气如此狂妄，就想教导他一番，于是皱着眉头说："你这字就像我担子里的豆腐一样，没筋没骨，有形无体，一点儿都不好，还值得在人前夸吗？"

小公权见老人把自己的字批评得一无是处，不服气地说："大家都说我的字写得好，你偏说不好，有本事你写几个字让我看看！"

老人听罢高声笑道："哈哈，我一个卖豆腐的，字哪能写得好？我写得不好，可是有人用脚都比你写得好，还不止好一点半点呢！"

柳公权听了更加不服气，说道："你自己不会写，还说别人用脚都比

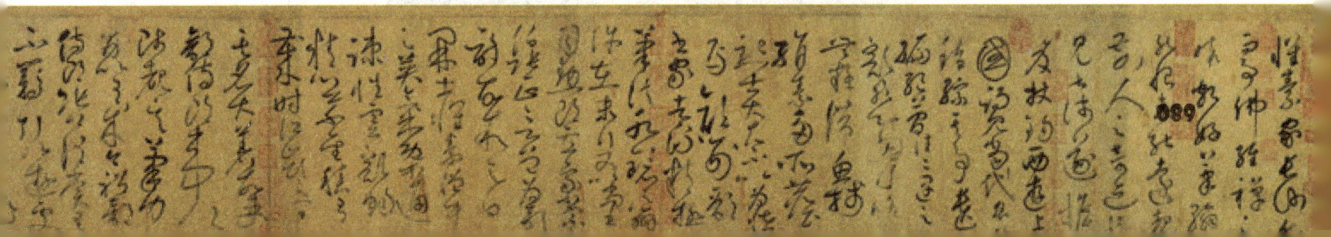

我写得好，我不信！"

老人笑道："并不是我存心糊弄你，这是我亲眼所见，千真万确，不信你自己到华京城北街的大槐树下看看吧！"

柳公权将信将疑，于是决定亲自去看个究竟。他独自来到华京城，一进寿门，果然看见北街的一棵大槐树下挂着个白布幌子，上面写着"字画汤"三个大字，字体苍劲有力，笔法雄健潇洒。槐树下围了许多人，他努力挤进人群，不禁被眼前的情景惊得目瞪口呆……

一个失去双臂的黑瘦老头正在树下写对联。他赤着双脚坐在地上，左脚压住铺在地上的纸，右脚夹起一支大笔，挥洒自如。他运笔如有神，笔下的字似群马奔腾，龙飞凤舞，博得了围观者的阵阵喝彩。

小公权惭愧极了，心想：卖豆腐的爷爷果然没有骗我，我的字和眼前的这位爷爷比起来不知差多少，我真是不知天高地厚啊！于是他"扑通"一声跪在那位老者面前，诚恳地说

道："老爷爷，我想拜您为师，我叫柳公权，请收下我，教给我写字的秘诀……"老者慌忙请柳公权起来，对他说："我是个孤苦的残疾人，生来失去双手，只得靠双脚混生活。虽能写几个字，但怎配为人师表？"

小公权再三哀求，老者见他如此诚恳，便在地上铺了一张纸，用右脚提起笔写道："写尽八缸水，砚染涝池黑；博取百家长，始得龙凤飞。"写完对柳公权说："这就是我写字的秘诀。写字和做其他事情一样，只有勤练，别无他法。"

柳公权把老人的话铭刻于心，自此发奋练字，手上磨出了厚厚的茧子，衣服补了一层又一层。他转益多师，博采众长，并把自然界各种优美的形态都熔铸到书法艺术里去。通过不懈努力，柳公权终于创造出骨力遒健、结构严谨、刚柔相济、疏朗开阔的字体。由于他的字独具一格，人们把他的书法称为"柳体"，与颜真卿的书法并称"颜筋柳骨"。

柳公权书《玄秘塔碑》（局部）

苏轼——心手相畅的行楷大家

元代画家赵孟𫖯所绘的《苏轼像》（局部）

苏轼（1037—1101），北宋文学家、书画家。字子瞻，号东坡居士，四川眉山人。一生仕途坎坷，学识渊博，天资极高，诗文书画皆精。其文汪洋恣肆，明白畅达，与欧阳修并称"欧苏"，为"唐宋八大家"之一；诗清新豪健，善用夸张、比喻，艺术表现独具风格，与黄庭坚并称"苏黄"；词开豪放一派，对后世有巨大影响，与辛弃疾并称"苏辛"；书法擅长行书、楷书，能自创新意，用笔丰腴跌宕，有天真烂漫之趣，与黄庭坚、米芾、蔡襄并称"宋四家"；画学文同，论画主张神似，提倡"士人画"。书法代表作品有《天际乌云帖》《蜀中诗》《醉翁亭记》《洞庭春色赋》《中山松醪赋》等。

■ 艺术全才，行楷大家

苏轼是中国文学史上少有的诗词书画全才，然而一直以来，他作为一个杰出的文学家的巨大光环，耀眼得让人看不清其作为书法家、画家的光亮程度。他的艺术造诣可以从其传世的书法作品以及后人对他的评价中窥得一二。

苏轼最擅长行书与楷书，风格深厚朴茂。由于他执笔独特，为"侧卧笔"，所以他的书法用笔多取侧势，结体扁平稍肥。他的行书代表作品《黄州寒食诗帖》被称为继王羲之《兰亭序》、颜真卿《祭侄稿》之后的"天下第三行书"。此帖为元丰五年（公元 1082 年）苏轼因乌台诗案被贬黄州时所作。诗帖由两首诗组成，诗句沉郁苍凉又不失旷达，书法用笔、墨色也随着诗句语境的变化而变化，跌宕起伏，气势不凡而又一气呵成，达到"心手相畅"的几近完美的境界。其他行书作品如《洞庭春色赋》《中山松醪赋》，以古雅胜，姿态百出而结构紧密，集中反映了苏轼书法"结体短肥"的特点。

■ 心手相畅，开一代书风

苏轼的书法主张与他的文学主张相近，在书法上他也主张"自出新意，不践古人""我书造意本无法"。在书法实践上，他一方面学习古人书法，一方面又打破唐法的束缚，自出机杼，创作出放纵不羁、恣肆横逸的书法作品，在率直中得书法之意。苏轼所倡导的"意"即心中的真实感受，这种感受凝注于笔端，所创作品无疑便是抒其心志之作。"苏门四学士"之一的黄庭坚在《山谷集》中说，苏轼喜欢喝酒，但每次喝了不到半升便已烂醉，喝醉了就睡觉，鼾声如雷。睡醒之后，就开始练习书法，落笔快如风雨，酣畅淋漓，有如神助。苏东坡不拘小节，率性而为，体现在其书法创作上也是如此。"以我手写我心"不仅适用于文学创作，而且适用于书法创作。

▲
苏轼《黄州寒食诗帖》，左侧是黄庭坚所写的跋，作品现藏于台北故宫博物院

苏轼从不轻易赠予他人亲笔之作。这在黄庭坚的《山谷集》中也有所记载，苏轼并不爱惜自己的书法，但是别人也求不到。有人前来向他求书，他便一本正经地责问求书之人，始终不肯赠给来人一个字。

在实践上，由于苏轼的大力倡导，宋代碑刻形成了异于唐代的新风貌，帖学方面也开创了宋代行草的独特风格。在理论上，由于他的尚意说的影响，尚意的观念渗入书家之心，成为创作思想上的一种指向。苏轼作为一位有着特殊地位和感召力的大家，其书艺特色、书学思想影响了一大批学者，影响了一代书风。

米芾——转益多师的书画博士

学书须得趣，他好俱忘，乃入妙，别为一好萦之，便不工也。

米芾（1051—1107），北宋书法家、画家，书画理论家。字元章，号襄阳漫士、海岳外史等，世号米颠。祖籍太原，后迁居襄阳。曾任校书郎、书画博士、礼部员外郎。其人天资高迈、行举潇洒，好洁成癖。被服效唐人，多蓄奇石。书画自成一家，能画枯木竹石，时出新意，又能画山水，创为水墨云山墨戏，烟云掩映，平淡天真。善诗，工书法，精鉴别。擅篆、隶、楷、行、草等书体，长于临摹古人书法，达到乱真程度。"宋四家"之一。代表作品有《研山铭》《多景楼诗帖》《珊瑚帖》《蜀素帖》等。

米芾的作品《蜀素帖》局部，现藏于台北故宫博物院

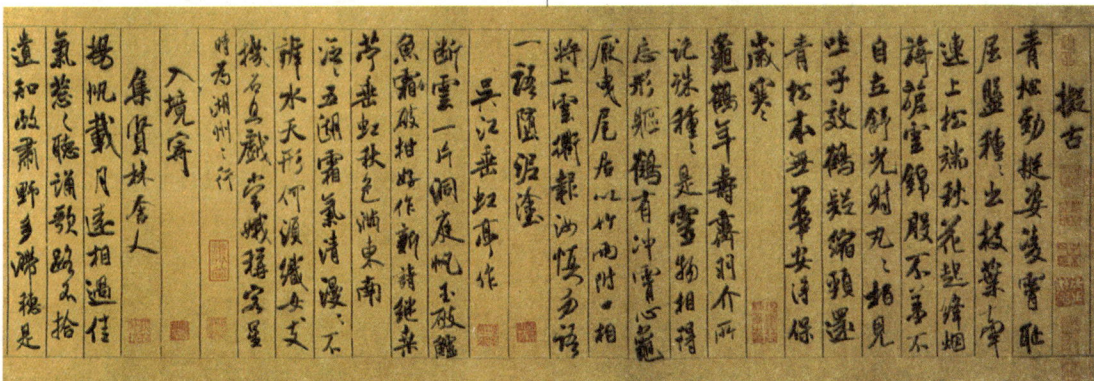

■ 转益多师是吾师

米芾的书法在宋代首屈一指，与苏轼、黄庭坚、蔡襄并称"宋书四大家"，其书法成就是四大家中最高的。明代董其昌《画禅室随笔》谓："吾尝评米字，以为宋朝第一，毕竟出于东坡之上。即米颠书自率更得之，晚年一变，有冰寒于水之奇。"米颠就是米芾，因他个性怪异，举止颠狂，遇石称"兄"，膜拜不已，而被称为"米癫"。他的书体潇洒奔放，又严于法度。

米芾突出的书法成就不仅得益于他聪颖的天资和对书法赤诚的热爱，还得益于他转益多师、博采百家之长的精神。他在晚年所作的《自叙》中叙述了自己一生的学书历程：米芾初学书法时先学壁刻碑文，七八岁时开始学习颜真卿的书法。后来见到柳公权的书法，羡慕它的紧凑劲健，于是就学习柳公权的《金刚经》。后来知道柳公权的书法是学习欧阳询的，于是又学习欧体。后来又学习褚遂良、段季展等人的书法，打下了厚实的基本功。

苏轼被贬黄州时，米芾去拜访求教，东坡劝他学晋。元丰五年开始，米芾潜心学习魏晋书法，以晋人书风为指归，寻访了不少晋人法帖，连其书斋也取名为"宝晋斋"。由于长久以来的潜心学习，他对各书法大师的用笔、章法及气韵都有深刻的领悟，而后博采众家之长，终于在书法上取得了突出成就。

■ 心笔相宜，形神兼备

米芾从小就对书法感兴趣，但由于家境贫寒，无钱从师，只好自己钻研书法。然而他自行练习书法三年，却没有什么长进。一日，他听说有位书法了得的秀才进京赶考，宿在他们的村子，便赶紧拿着临好的帖去向他请教。秀才翻看了米芾的临帖后说："想要跟我学写字可以，但有个条件，得买我的纸。五两纹银一张，要是嫌贵就不要学了。"米芾心想，天下哪有这样贵的纸，五两纹银在我这种清寒之家一时哪能拿出啊！倘若不买，我的书法又毫无进展。思来想去，他最后一咬牙，还是决定借钱买下秀才的纸。米芾借来银子交给秀才后，秀才递给他一张纸说："回去好好写，告诉我你家住何处，三天后我前去查看。"

米芾将自己的住处告诉秀才后，便拿着纸回到家。他坐在案前，想用这张纸来练字，可是一想到它是花了大价钱买来的，就舍不得轻易落笔。于是他便对照字帖，用没蘸墨水的笔在书案上写划，反复琢磨，把每个字的结构、笔画都深深地刻在心里。三天后，秀才来了，见米芾正执笔端坐在桌前，望着字帖出神，纸上滴墨未沾。

秀才笑了笑，走上前拍了拍米芾，故作惊讶地问："怎么一字未写？"

米芾一惊，这才回过神来，想到今天秀才要来查看他的书法，而自己却只字未书，于是低着头，小声回答道："我怕把纸弄废。"

秀才听罢哈哈大笑，然后用扇子指着纸说："也罢也罢，你琢磨三天了，不妨当场写个字我看看！"米芾于是提笔写了个"永"字。

秀才一看，字写得遒劲潇洒，便故意问道："你为什么三年学业不进，三天却能突飞猛进呢？"

米芾想了想说："因为这张纸贵，不敢像以前那样随便写来，而是先用心把字琢磨透了再写。""对！"秀才说："学字不光是动笔，还要用心，不但要观其形，更要悟其神，心领神会，才能写好。"说完，挥笔在"永"字后面添了七个字：（永）志不忘，纹银五两。然后从怀里掏出那五两银子还给米芾，头也不回地走了。

赵孟頫——历任二朝的行楷大家

赵孟頫的作品《鹊华秋色图》（局部）

箴言

齿豁头白六十三，一生事事总堪惭。惟有笔砚情犹在，留与人间作笑谈。

赵孟頫（1254—1322），元代著名书画家，字子昂，号松雪，松雪道人，又号水晶宫道人、鸥波，湖州（今浙江湖州）人。赵孟頫博学多才，能诗善文，懂经济，工书法，精绘艺，擅金石，通律吕，解鉴赏。他开创元代新画风，被称为"元人冠冕"。擅长篆、隶、真、行、草等多种书体，尤以楷书、行书著称于世，其书风遒媚、秀逸，结体严整、笔法圆熟，世称"赵体"。与颜真卿、柳公权、欧阳询并称为楷书"四大家"。书法代表作有《四体千字文》《洛神赋》《胆巴碑》《归去来兮辞》《兰亭十三跋》《赤壁赋》《道德经》《仇锷墓碑铭》等。

■ 辛苦遭逢，勤学成名

赵孟頫是宋太祖赵匡胤十一世孙，秦王德芳之后。虽为贵胄，但他并没有受到命运之神的格外眷顾。龙脉传到他父亲赵与告时，已是第十代了，血缘已疏，因此赵与告只做了一个小官。赵孟頫乃侧室所生，在赵家多受排斥，11岁时，父亲离世，家境每况愈下，度日更加艰难。据元代诗人杨载《赵公行状》记载，赵孟頫父亲去世时，生母丘夫人曾对他说："你从小就孤苦无依，要是不能通过自己的勤勉而使自己在学问上有所成就，我们的生活境况就无法改变，这一生便注定要贫病孤苦了。"赵孟頫听完母亲的话，泪眼婆娑，于是下定决心，刻苦学习。父亲早亡的刺激和母亲的严厉督促，让天资上乘的赵孟頫开始发愤图强，精研学艺。青年时代，便已声名远播。

正是青年时代的才名和不凡的家世，使赵孟頫后来受到元世祖的青睐，入朝为官，身前一直遭受着内心的折磨，身后也颇遭人诟病。

■ 身前身后事，千秋万代名

赵孟頫少年时期，在风雨中飘摇了一个半世纪的南宋朝廷已如大厦将倾。后来元军一路南下，势如破竹，取代南宋政权，统一全国。宋亡之后，赵孟頫"闲居里中"，以诗酒书画遣兴。后来，元世祖忽必烈"搜访遗逸于江南"，才名不凡的赵孟頫便被推荐给了元世祖。元世祖看到英俊潇洒、才华横溢的赵孟頫，惊呼为"神仙中人"，对他青睐有加。于是他这个宋室亲贵，就奉了元世祖的诏命，从闲居的故乡登舟北上，入京为官，仕途一路亨通，官至翰林学士承旨，荣禄大夫。

公元1318年冬，赵孟頫的爱妻管道昇在京脚气病发作，赵孟頫于是坚决辞官，携妻返乡，但妻子在返乡途中便病故了。赵孟頫独自回到故乡，终日呼朋唤友，流连诗酒，磋商艺事，成为当时的文艺领袖。元英宗至治二年（公元1322年）六月，赵孟頫在故乡逝世。他死之前，犹在家里观书作字，谈笑如常。英宗将其封为魏国公，谥文敏。

赵孟頫的大楷书吸取李邕书碑的笔法，既得流美风韵，又存遒健骨气，在晋人的韵味之外，又具有唐人的法度。其小楷极具特色，用笔极为娴熟，结体妍丽飘逸，用笔遒劲，深得晋人神髓。后世将其与颜真卿、柳公权、欧阳询并称为楷书"四大家"。他是一代书画大家，经历了矛盾复杂而荣华尴尬的一生。对此，史书上也有诸多争议。康有为瞧不起他身仕两朝，故对其书法极尽贬低。但撇开赵孟頫的人生不论，他在书法史上的贡献无疑是非常巨大的。而且他处于富贵时，内心一直向往着自由无羁的生活，渴望回归故乡山林，一心从事所钟爱的艺术事业。这正如徐复观先生所说："不因现实生活而埋没掉精神向往，并加深精神上的向往，这种矛盾生活，常是一个伟大的艺术家的使命，也常更由此而凸显出艺术家的心灵。"

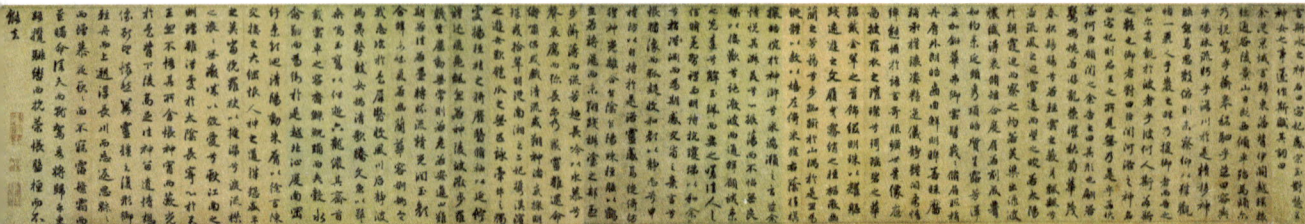

▲ 赵孟頫的作品《洛神赋》（局部），现藏于天津艺术博物馆

曹不兴——澄怀味象的佛画始祖

曹不兴，亦名弗兴，三国时著名画家，孙吴吴兴（今浙江湖州）人，生卒年不详。他是有文献记载的最早一位传奇画家，因善画佛像被称为"佛画之祖"。亦善画龙、虎、马及人物，有"落墨为蝇"等传奇故事。活跃于黄武年（222—229），与皇象善书，严武善弈，赵达善数等并称为吴中"八绝"。其佛画对后世影响巨大。画迹今已不存，但之后的著名画家卫协直接师承其法。

箴言

江左画人吴曹不兴，运五千尺绢画一像，心敏手疾，须臾立成。头面手足，胸臆肩背，无遗失尺度。此其难也，唯不兴能之。——南朝齐·谢赫

■ "自出机杼，成一家风骨"

在中国绘画史上，曹不兴是有文献记载的最早画家。他以善画佛像著称，其画骨气端翔，朗劲有力。曹不兴从小就对绘画感兴趣，开始只是摹画一些小动物，并能做到形神备妙，栩栩如生。

公元247年，西域康居国僧人康僧会等人携印度佛像范本远游至吴，并在当时的东吴都城建业建立寺庙，供奉佛像，以弘扬佛法。曹不兴见到康僧会供奉的佛像后，被其庄严神圣的宝相打动，于是开始摹写佛画。他日夜立于佛像前摹写，孜孜不倦。久而久之，他便能将人的一举一动融入其佛画中，使佛画在具有神佛庄严的同时又充满了人性。曹不兴学会画佛像后，或绘卷轴以供礼拜，或图寺壁以助庄严，所作大佛像有的高达5丈，气魄恢宏，庄严妙相，仰之弥高，令人肃然起敬。曹不兴的佛画是中国最早的佛像绘画作品，对后来佛教东渐起到一定的推动作用。

曹不兴的动物画，栩栩如生。特别是他画的龙，仿若腾云驾雾一般。据说宋文帝时，曾逢久旱，一连几个月滴雨未下，田地干裂，庄稼焦枯。人们天天虔诚地向苍天祈祷，也不管用。后来，不知谁出的主意，取来曹不兴画的龙放在水旁求雨，不一会儿，果然雷声隆隆，大雨倾盆。虽然只是一个巧合，但却说明了曹不兴画的龙形象生动，以至于人们信若神明。龙本是一种人心营构之象，能令人们以象为真的作品，其构思、技巧自然与当时的审美要求相吻合。

南朝齐画家兼理论家谢赫对曹不兴的画技叹服不已，在《画品》中将曹不兴列为第一品第二人，并赞曰："观其风骨，名岂虚哉！"

曹不兴笔法精细，技巧高超，善于创造各种生动逼真的形象，这些造型样式被作为样板而长期广泛的流传，影响了整个社会的审美风气。

如今，曹不兴的画作虽以失传，但其开创的中国佛像绘画在后来的发展中可见一斑。后人把他与顾恺之、陆探微、张僧繇合称为"六朝四大家"。

■ 落墨为蝇

曹不兴曾事于吴帝孙权手下，画艺高超，具有超群的写实能力，画面生动欲活。据说孙权曾请曹不兴为其画屏风，屏风画好后，孙权命人将屏风取回观看。只见屏风上画了一篮杨梅，颗颗鲜红欲滴，不禁让人垂涎三尺。突然，孙权发现在一颗杨梅上停了一只苍蝇，他以为是曹不兴的画十分逼真，引来了苍蝇，便挥袖驱赶。然而苍蝇却丝毫不惧，依然一动不动地伏在画面上。旁边的人见了，笑着对孙权说："主公，那苍蝇不是真的，是画上去的。"孙权大吃一惊，凑近屏风仔细观看，才知众人所言果然不假，于是拍手称绝。

其实，曹不兴开始时并没有打算在屏风上画苍蝇。当他正聚精会神地在屏风上作画时，一不小心，将一滴墨滴在画面上，旁边的人都为他惋惜。而他却不动声色，眯起眼睛端详了一会儿，便小心翼翼地把墨点描绘成了一只振翅欲飞的苍蝇。这就是曹不兴"落墨为蝇"的故事。

顾恺之——迁想妙得的虎头三绝

四体妍蚩，本无关于妙处，传神写照，正在阿堵中。

顾恺之（约 345—409），东晋著名画家，字长康，小字虎头，晋陵无锡（今江苏无锡）人。博学有才气，工诗赋、书法，尤善绘画，时人称之为三绝：才绝、画绝和痴绝。其绘画精于人像、神仙、佛像、禽兽、山水等，画人注重点睛，自云"传神写照，尽在阿堵中"。后人评价他的画作"意存笔先，画尽意在；笔迹周密，紧劲连绵如春蚕吐丝"。与曹不兴、陆探微、张僧繇合称"六朝四大家"。代表作品有《女史箴图》《洛神赋图》《列女仁智图》《司马宣王并魏二太子像》《谢安像》《刘牢之像》《王安期像》《行三龙图》《夏禹治水图》等。此外他在绘画理论上也有突出成就，今存有《魏晋胜流画赞》《论画》《画云台山记》3 篇画论。

顾恺之画像，出自 1921 年出版的由清代画家上官周创作的《晚笑堂竹庄画传》

天工神笔，传神阿堵

曹植的一篇《洛神赋》让人们记住了他的千古诗名，也让世人见证了感天动地的爱情绝唱，更为世人留下了一个洛水之神绝代风华的美丽形象。然而，最让我们感到幸运的是，三国时著名的画家顾恺之竟用他的天工神笔创作出一幅《洛神赋图》，将洛神的美好形象具体地呈现在人们眼前。该画卷分为三个部分，曲折细致而又层次分明地描绘了曹植与"洛神"真挚纯洁的爱情故事。画中人物安排疏密得宜，在不同的时空中自然地交替、重叠；而在山川景物描绘上，也展现出一种空间美；容貌敷染上，以浓色微加点缀，不求晕饰。整幅画体现了顾恺之笔迹周密，紧劲连绵，如春蚕吐丝，春云浮空的创作特点。

顾恺之的"天工神笔"是从小练就的。他自幼学习绘画，到总角（八九岁至十三四岁的少年）时，已成为小丹青妙手了。有一天夜里，他做了一个美好的梦，梦中月亮变成了一位迷人的姑娘，眼神纯净如湖水。月光下的莲池中开满了大大

顾恺之所作《女史箴图》摹本，现藏于大英博物馆。摹本年代为南朝至唐初。此摹本并非全本，与北京故宫博物院所藏宋代摹本相比缺少两个段落。该图片在倒数第四段处有较明显的修补

小小的莲花，忽然也都变成了一个个美丽的姑娘，争着让他画眼睛。顾恺之醒来后，遥望碧空明月，对梦中所见之事有所领悟，心想，眼睛最能反映一个人的心灵，最能代表人的性格特征，我要是能把天下眼睛都收纳于笔下，我的画艺必能长进。从此，顾恺之苦练画技，终于取得了巨大的成就。

■ 当众点睛，妙捐百万

梁朝画家张僧繇画龙点睛的故事想必众人都已耳熟能详了，顾恺之也有类似的点睛故事。据《京师寺记》记载：兴宁中年，南京瓦棺寺建成，僧人举行法会，请朝中贤士、世间文人捐款赞助。但当时的官员文士只是随意捐赠，并没有超过十万钱的。顾恺之却是个例外，在祝祷文上写自己将捐资百万。顾家向来清贫，人们认为他不可能捐赠这么多钱，于是都对他的捐赠一笑而过。

几天后，僧人在法会上通知捐款人按祝祷文上写的捐赠数额如数付款，顾恺之于是说道："请贵寺选一面空白墙壁，我自有妙用。记住，在我离开之前，你们要关好门户，不许他人进入。"僧人不敢不允。于是，顾恺之在壁前作画一月有余，绘制了一幅巨大的维摩画像。然而画好的维摩画像却没有眼睛，众僧人都非常纳闷，于是纷纷向顾恺之请教。顾恺之笑而不答，只说捐赠的百万巨资必定兑现。

几日后顾恺之对僧人说："现在我要画眼睛了，等眼睛完成之时，这幅画也就大功告成了。这幅画作好后，第一天来观看的人，请让他向寺里施钱十万，第二天来观看的施钱五万，第三天来看的随心意施捐。"三日之后，整幅维摩画像完成，人们听说顾恺之在瓦棺寺画了一幅画像，纷纷前往观看。庙里的僧人当众打开寺门，壁上的维摩巨像瞬间光耀了整个寺院。前来观看的人挤满了寺院，堵塞住寺门，他们连声赞叹，纷纷慷慨解囊，布施金额很快就超过了百万钱。

阎立本——天下取则的丹青神人

阎立本（约601—673），唐代著名画家、工程学家，雍州万年（今陕西省西安）人，出身贵族。其人颇有政治才干，曾官至右相。阎立本工于写真，与父阎毗、兄阎立德三人并以工艺、绘画驰名于隋唐之际。阎立本擅长人物故事画，笔力刚健，人物神形兼备，被称为"神品"，他本人也有"丹青神化"的美名。代表作品有《步辇图》《历代帝王图》《职贡图》《萧翼赚兰亭图》等。

■ 千里观画，天下取则

阎立本生于雍州万年（今西安市），在绘画上家学渊源，父亲阎毗和兄长阎立德都是当时著名的书画家。受父兄影响，阎立本师法隋代画家杨契丹、郑法士、董伯仁等人，十六七岁就已落笔不俗，名噪乡里，但他从不因此自满，努力练习绘画，取各家之长，成一家之创。

有一天，阎立本听说有人在荆州发现了一块张僧繇的绘画石刻。激动之下，他即刻带上笔墨纸砚，毅然踏上了千里行程，经过数月的跋涉，终于到达荆州。他按捺不住内心的激动，当下便请人带他前去观看绘画石刻。意外的是，石刻竟遗落在荒草丛中，沾满了泥污，不少地方已经难以辨认了。

▲ 阎立本的名作《步辇图》（局部）

阎立本拨开荒草，看了一眼石刻，大失所望，叹气道："张僧繇的绘画石刻不过如此。"他乘兴而来，却又败兴而归。回到住所后，他又细细回忆了一下石刻上的画，觉得或许是自己过于轻率而忽略了画中的妙处。于是第二天一早，他又回到原处，擦掉石刻上的泥污，细心端详，发现画中果然有不少妙处。反复揣摩之下，更觉得张僧繇的技艺高超，自叹不如。他细心研习画中技巧，沉迷其中，夙夜不懈，在石刻前一坐就是十几天。

阎立本在艺术上继承南北朝的优秀传统并加以展开，使其作品较之前朝更具丰富的表现力。他的作品设色古雅而又变化沉着，线条刚劲有力，画中人物精神饱满，神态各异。其作品深受当世推崇，被时人誉为"丹青神品"，为天下取则。

吴道子——笔简意远的山水画祖师

箴言

画至吴道子，古今之变，天下之能事毕矣。——苏轼

吴道子（约680—759），唐代著名画家，又名道玄，画史尊称"吴生"，阳翟（今河南禹州）人。少孤贫，初为民间画工，年轻时即有画名。曾任兖州瑕丘（今山东滋阳）县尉，不久即辞职。后流落洛阳，从事壁画创作。开元年间以善画被召入宫廷，历任供奉、内教博士、宁王友。后随张旭、贺知章学习书法，通过观赏公孙大娘舞剑，体会用笔之道。绘画方面擅佛道、神鬼、人物、山水、鸟兽、草木、楼阁等，尤精于佛道、人物，长于壁画创作。吴道子的绘画具有独特风格，是中国山水画之祖师，创造了笔简意远的山水"疏体"。代表作品有《明皇受箓图》《送子天王图》《十指钟馗图》《金桥图》《地狱变相》等。

少年立志，学有所成

吴道子少年时父母双亡，无所依靠，只好背井离乡，出外谋生。

有一天傍晚，吴道子来到河北定州城，发现离城门不远的山上有一座雄伟壮观的寺庙，他见天色已晚，便想上山借宿。于是，他来到寺庙前，只见朱漆檐顶下的横梁上书写着三个镏金大字——"柏林寺"。

吴道子轻声喊了两声，没有听到任何应答，便走了进去。他迈进院内，从大殿虚掩的门缝里看见荧荧红烛下一位老和尚正聚精会神地在殿墙上作画。吴道子十分好奇，便推开门轻轻地走进去，静静地站在老和尚身后看他画画。老和尚一回头，发现一位少年正出神地看着他的画，便笑着问道："孩子，你喜欢这幅画吗？"吴道子点头称是。老和尚询问了吴道子的身世后，抚摸着他的头说："你要愿意学画，就做我徒弟吧！"吴道子听后忙磕头拜师。此后，他便一直跟随着老和尚学作画。

一天，老和尚把吴道子领到后殿，指着雪白的墙壁说："我想在这空壁上画一幅《江海奔腾图》，画了多次始终不像真水实浪。明天你随我外出周游，看遍世上江河湖海，回来再将这幅画绘制完成。"次日一早，吴道子就收拾好行李，跟着老和尚出发了。他们每遇到一处水，老和尚就让吴道子练习着

将它画下。开始时他总是认真完成师傅的吩咐，时间一长，便觉得腻烦，师傅再让他画水他便有些敷衍的意味。老和尚见此情景，把他叫到身边，语重心长地对他说："孩子，做任何事情都要下苦功，画画就更是如此了。要想把江河湖海奔腾的气势画出来，不是一朝一夕的事情，必须要下苦功，从一滴水珠、一朵浪花开始练习。"说罢，老和尚打开随身携带的木箱，呈现在吴道子眼前的是满满一箱画稿，每一张稿纸上都是一滴小水珠、一朵浪花或一层水波，没有一张是完整的山水。吴道子如梦初醒，从此，每天早起晚归学画水珠浪花，风雨无阻。

道子年纪轻轻，竟能说出这样有志气的话，十分欣慰。为了完成自己的心愿，也为了试试吴道子的才华，老和尚点头应允了。于是，吴道子走进后殿，在墙壁上描绘起他在心中构思良久的《江海奔腾图》。他在殿堂内潜心作画，废寝忘食。9个月后，他高兴地跑出后殿，跪在老和尚面前激动地说："师父，我已把《江海奔腾图》画出来了！请您去看看吧！"老和尚在吴道子的搀扶下，领着众人一同去后殿观赏。

春秋代序，草木荣枯，一晃三年过去了。吴道子的画技大有长进，多次得到师父的赞赏。老和尚也认为游历了祖国的众多山水，是到画《江海奔腾图》的时候了，于是他决定回寺庙完成构想多年的图画。然而没有想到的是，老和尚回寺的第二天，便由于多年的奔波劳苦而一病不起。吴道子跪在床前诚恳地说："师父，我愿替您画那幅《江海奔腾图》。"老和尚见吴

《八十七神仙图》（局部）

徐悲鸿曾经获得一幅残卷（即该图卷），经其与国画大师张大千先生仔细鉴定，认为是吴道子真迹，可能是一幅壁画的草图，暂根据画中人物取名为《八十七神仙图》。此幅画气势磅礴，人物闲适秀丽，衣饰翻跹，堪称"吴带当风"的绝佳表现，是我国古代绘画中的精品

吴道子一打开后殿大门，只见眼前豁然一条大河，河面波涛汹涌，迎面而来。和尚们大惊失色，惊呼道："不好啦，天河开口了！"众和尚吓得你挤我撞，争相逃命。老和尚看着扑面而来的浪花和众和尚慌乱的神态，仰天大笑道："孩子，你画的这幅《江海奔腾图》成功啦！"从此，来柏林寺观赏临摹《江海奔腾图》的文人画师络绎不绝。而吴道子虽然有如此成就，却并不骄傲自满，而是更加刻苦地练习画画，终于成为中国画史上著名的"画圣"。

■ 妙笔引光明

吴道子画名远播后，上门求画者络绎不绝，而他从不轻易赠人画作，但有时为了救助他人，他也会挥动妙笔，替人解忧。因此，在民间流传着一个关于吴道子赠画的传说。

一天傍晚，吴道子路过一座茅草房，里面传出纺棉花的声音。当时天色已晚，却不见屋里有灯光，吴道子甚是奇怪，但因急于赶路，就没有进去一探究竟。

回到家后，吴道子越想越觉得奇怪，他想知道主人在没有灯光的情况下是如何纺织的。于是第二天一早，他又来到这座茅草房前。这时一个白发老妪走出来，请他进屋喝茶。吴道子笑着问："您认识我吗？"老妪点头答道："认得，认得，我到街上卖线子，听人说你是吴画匠，还说你为人好，不巴结官府和财主。"吴道子笑了笑，便跟随老妪进了屋。进屋后，他

发现屋内陈设极为简陋，便问："老人家，您一个人住吗？"老婆婆伤心地叹了口气，答道："是啊，我丈夫死得早，前几年儿子也病死了，只剩下我这孤老婆子，靠纺棉花卖线子度日。"吴道子想起自己的身世，黯然伤神，又问："您晚上纺棉花，为何不点灯？"老妪含着泪说："我白天黑夜不停地纺，赚的钱还不够吃饭穿衣，哪有钱买油点灯啊！从儿子死后，已经三年没点灯了。"

吴道子听后想了想说："老人家，您的日子很苦，我也帮不了您什么忙，给您画幅画吧。"老妪甚是高兴，连忙答应。于是吴道子研墨铺纸，开始作画。他先把饱蘸墨汁的笔往纸上一甩，纸上立刻出现许多亮晶晶的小点，又用笔在小点上轻涂几下，最后在空白处画了一个圆圈就算画成了。他把画交给老妪并对她说："你把这画贴在屋里，会有用的。"老妪接过画高兴地对吴道子说："吴先生，我不知如何报答你，就把线子送你去换笔墨吧！"吴道子正色道："我画画并不是为了钱，要是为钱，您就是出一千两银子我也不会画的。您还是留着线子换米吧！"说完就收拾画具出门走了。

老妪把画贴在纺车前的木板上，天黑后竟发现画上有无数星星在闪光，一个圆圆的月亮把屋里照得和白天一样亮。从那以后，一到夜晚，画中的星星和月亮就发出光来，老妪再也不用摸黑纺线了。

周昉——古今冠绝的仕女画大家

周昉作品《宫女调整琵琶图》（局部）

周昉，唐代著名画家，字景玄，一字仲朗，京兆（今陕西西安）人，生卒年不详。他出身于仕宦之家，曾任越州（今浙江绍兴）长史、宣州（今安徽宣城）长史别驾。周昉长于文辞，擅画肖像、佛像，其画风为"衣裳简劲，彩色柔丽，以丰厚为体"。工仕女，初学张萱而加以写生变化，多写贵族妇女，所作优游闲适，容貌丰腴，衣着华丽，用笔劲简，色彩柔艳，为当时宫廷、士大夫所重，称绝一时。代表作品有《簪花仕女图》《写武后真》《明皇斗鸡射鸟图》《杨妃出浴图》《妃子教鹦鹉图》《挥扇仕女图》《烹茶仕女图》《吹箫仕女》等。

箴言

丹青有神艺，周郎能独兼。
图画绝世人，真态不可添。

——黄庭坚

■ 虚怀若谷，神气兼得

周昉生于京兆的一个官僚家庭，而他自己也官至一州长史。他自幼爱好书画，常常研摹前代画家名作。他作画勤奋，尤其热爱画人物肖像。在人物肖像画上，他不仅将人物的形态、状貌描绘得栩栩如生，还能使人透过他的画作挖掘到人物的心灵深处。周昉作画从不一意孤行，他虚心听取他人的修改意见，力求使画作达到人人称妙的境界。

据《太平广记》记载：一次，周昉奉唐德宗李适旨意，为敬章寺画神像。当时周昉在京城已享有盛名，消息一传出，人人争相前往敬章寺观看周昉画作。神像完成后，慕名而来者睹其画作，有言其妙者，也有指其瑕者。对指其瑕者，周昉从不怨怒，总能虚心听取意见，加以修改，直到众口称绝，方才停笔。

周昉的肖像画在刻画人物的精神实质上稳胜同行。据说唐朝名将郭子仪的女婿赵纵时任大仆卿，曾先后约请当时杰出的画家韩干和周昉为他画像。两位画家的画作完成之后，赵纵将二者画像置于坐侧，一时难定优劣。赵夫人回府后，赵纵忙请夫人点评。赵夫人评道："两画皆似，前画者空得赵郎状貌，后画者兼移其神气，得赵郎性情笑言之姿。"一语道出周昉的艺绝之处。

■ 古今冠绝的仕女画

周昉的肖像画中最负盛名的无疑是他的仕女画。唐武宗会昌时翰林学士朱景玄在其断代画史《唐朝名画录》中曾盛赞周昉"画仕女为古今之冠"。他笔下的女性形象体态丰厚，曲眉丰颊，以肌肤丰满为美，所着衣冠全是贵妇之妆，衣裳用笔简劲，色彩柔丽。其画反映了宫中仕女单调寂寞的生活，如扑蝶、抚筝、对弈、挥扇、演乐、欠身等，将宫中各类仕女的心态如忧郁、感伤、悲叹、惆怅和怨情等，微妙地展现在绢上，概括地表现出经过"安史之乱"后唐宫仕女们颓唐的精神状态，折射出周昉的忧患意识和对被幽禁于深宫的宫妃们的同情。北宋《宣和画谱》著录了他的72件画迹，均已湮没于世，其画作也没有摹本传世。如今我们只能从一些传世的文献中窥见其鳞角，但后世仿效"周家样"者却不计其数，由此可见周昉的艺术影响已经深入人心了。

周昉作品《簪花仕女图》（右上图为局部特写），绢本，设色，纵46厘米，横180厘米。《簪花仕女图》是目前全世界范围内仅存的唐代仕女画传世孤本

李公麟——淡毫清墨的白描宗师

李公麟代表作《临韦偃牧放图》，现藏于北京故宫博物院

■ 儒雅马痴，白描宗师

李公麟出身名门大族，父亲李虚一喜好收藏法书名画，因此家藏古器名画法书甚多。李公麟天资聪慧，年幼时翻阅古人法书，便能领悟其用笔真意。他学画之初是以顾恺之、陆探微、张僧繇、吴道子等前代名人为师，又从家藏古画中汲取绘画技法，博采百家之长，融会贯通，自创新意。

李公麟学画之初最喜画马，在拜以画马著称的韩干为师之后，他笔下的马更是"势若飞动将奔驰"。据《桐城县志》记载：有一次，骐骥院奉命照养西域进贡的赤头青白色御马。李公麟得知后，悄悄潜入马厩，观察马的神态，记录它的习性，听闻它的嘶鸣，甚至在马厩中与马同寝，终于得到画马的真谛，绘成了《五马图》。李公麟以其行云流水的线条，行止如意的画风，辅以淡墨渲染，使白描的艺术表现更为饱满丰盈。画面上五匹玉花骢骏马，骨力追风，神采俊逸，虽只是白描勾画，却非常有质感，淋漓尽致地展示了天马雄姿。此后几乎所有使用白描法绘制的人马画作都是源于李公麟的白描艺术。

李公麟（1049—1106），北宋著名画家，字伯时，号龙眠居士，庐州舒城（今安徽桐城）人。神宗熙宁三年进士，历泗州录事参军，以陆佃荐，为中书门下后省删定官、御史检法。好古博学，长于诗，精鉴别古器物。尤以画著名，凡人物、释道、鞍马、山水、花鸟，无所不精，时推为宋画中第一人。代表作品有《五马图》《临韦偃牧放图》《免胄图》《维摩诘像》《十六小马图》《龙眠山庄图》《辋川图》《九歌图》《洛神赋图》《草堂图》《莲社图》等。

李公麟一生勤恳，作画无数，人物、史实、释道、山水、鞍马、走兽、花鸟无所不能，无所不精。其人物、道释画作深得吴道子旨趣，运笔流畅，造型逼真，神态飞动；山水画气韵清秀，得王维正传；画马超过韩干。因而李公麟被后代敬为第一大手笔、百代宗师。

张择端——意态生动的风俗画家

箴言

所谓人与物者,其多至不可指数,而笔势简劲,意态生动,隐见之殊行,向背之相准,不见其错误改窜之迹,殆杜少陵所谓"毫发无遗憾"者。——明·李东阳

张择端生卒年不详,北宋著名风俗画家,字正道,东武(今山东诸城)人。徽宗宣和年间(1119—1125)任翰林待诏,擅画楼观、屋宇、林木、人物。所作风俗画市肆、桥梁、街道、城郭刻画细致,界画精确,豆人寸马,形象如生。代表作品有《清明上河图》《金明池争标图》《西湖争标图》等。

■ 迷离身世,千载神作

2010年上海世博会中国馆展出了一副动态的《清明上河图》,分首、中、末三段展示了清明时节北宋都城汴京的繁华热闹景象,再现了千年前京城的繁荣街市,举世为之震惊。而这幅动态的《清明上河图》就是根据北宋风俗画家张择端的传世名作制作而成的。

张择端生于琅玡东武,关于其身世,史书上没有任何记载,千百年来一直是个难解之谜。唯一的线索就是现存于故宫博物院的《清明上河图》"石渠宝笈三编本"上的跋文,也只有短短的71个字:"翰林张择端,字正道,东武人也。幼读书,游学于京师,后习绘事。本工其界画,尤嗜于舟车、市桥郭径,别成家数也。按向氏《评论图画记》云:《西湖争标图》《清明上河图》选入神品,藏者宜宝之。"

《清明上河图》以长卷的形式,采用散点透视的构图法,生动地记录了中国12世纪城市生活的面貌。它内容丰富,包罗万象,大到广阔的原野、河流、高耸的城郭,细到舟车上的铆钉、摊贩上的小商品、市招上的文字,都在画中有所体现。画中有仕、农、商、医、卜、僧、道、胥吏、篙师、缆夫等人物及驴、马、牛、猪、骆驼等牲畜;有大街小巷,店铺林立,百肆杂陈,府宅村舍密集;还有赶集、买卖、闲逛、饮酒、聚谈、推舟、拉车、乘轿、骑马等充满着戏剧性的情节……如此丰富多彩的内容,在历代画作中皆属罕见。此外,画作结构严谨,繁而不乱,长而不冗,层次分明,主体突出,首尾呼应,全卷浑然一体。

《清明上河图》是张择端唯一的一幅传世精品,不仅在我国绘画史上占有重要的地位,而且具有极高的历史价值,成为研究我国宋代社会各方面情况的极其珍贵的图像资料。

文徵明——博飞专精的吴派盟主

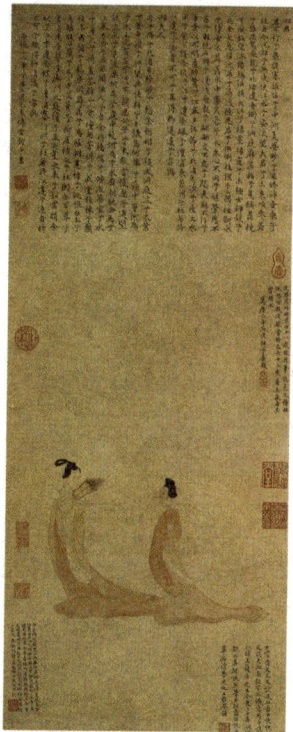

文徵明的代表作之一——《湘君湘夫人图》

箴言

人语不分尘似海，夜寒初重水生烟。
平生无限登临兴，都落风栏露楯前。

■ 不慧少年，颖异盟主

文徵明幼年资质迟钝，8岁才能开口说话，但仍口齿不清，缺乏条理。直到11岁时他方能与人对话，才被送到塾中读书。文家世代书香，见文徵明如此愚鲁，都非常担心。只有父亲文林乐观地认为"儿幸晚成，无害也"。后来父亲去滁州做官，把文徵明带在身边，让他跟少卿吕常学诗，"幼不慧"的文徵明此时开始"颖异挺发"了。文林是一位清正廉明的好官，他言传身教，为文徵明树立了良好的榜样。文林死于温州任上，文徵明前去奔丧时，当地吏民得知文家清贫，就募集了数百金作为赙仪送给文徵明，文徵明坚决不受。人们就把这笔捐款修建了一座"却金亭"来纪念他们父子二人。

文徵明20岁时开始向著名画家沈周学习绘画。沈周教导他"莫把荆关论画法，文章胸次有江山"。在沈周的悉心指授下，文徵明的画艺朝着苍劲、沉着、含蓄的方向发展。后来又汲取赵孟頫、王蒙、吴镇三家之长，自成一格。文徵明的画风呈粗、细两种面貌。粗笔源自沈周、吴镇，兼取赵孟頫古木竹石法，笔墨苍劲淋漓，又带干笔皴擦和书法飞白，于粗简中见层次和韵味；细笔取法赵孟頫、王蒙，布景繁密，较少空间纵深，造型规整，时见棱角和变形，用笔细密，稍带生涩，于精熟中见稚拙。文徵明的绘画造诣极高，画科全面，兼善山水、兰竹、人物、花卉诸科，尤精山水，题材大多来自江南景物和人文景观。其画设色多青绿重彩，间施浅绛，于鲜丽中见清雅。这路细笔山水属本色画，具装饰性、抒情味、稚拙感、利家气诸特征，确立了"吴门画派"的基本特色。

■ 狷介宽和的吴派盟主

文徵明为人宽和狷介，常与人为善。《四友斋丛说》有记载：文徵明精于书画鉴别，苏州城中但凡有人上门请他鉴定书画的，他都认真细致地进行鉴别，从不敷衍了事。明代文学家冯时可也在其《文待诏征明小传》中讲述了文徵明宽和待人的故事：文徵明正当盛名时，有人伪造他的书画谋取钱财，知情者将此事告诉了文徵明，本以为他会大发雷霆，怒气冲冲地

去找伪造其书画者理论。没想到他却笑着说："那人才艺本在我之上，只是世人不知，我在他之前空占虚名而已。"文徵明的心胸气度由此可见一斑。

关于文徵明随和的性格，还有一个广为流传的故事。文徵明有位入室弟子叫朱朗，字子朗，他的画颇得文徵明真传，几乎达到以假乱真的程度。一次，一位客寓苏州的金陵人想向文徵明求一幅画，又听说文徵明不轻易赠人画作，便想请文徵明的弟子朱朗为他模仿一幅文徵明的画。他命一位小童前去向朱朗处传达他的意思。岂料小童走错了路，把文徵明的家误作朱朗的家，并向文徵明传达了主人的要求。文徵明笑着答应了小童的请求，当即作了一幅画，并在画上署上朱朗的名字说："我画真衡山，聊当假子朗，可乎？"

▲ 文徵明的代表作《江南春图》局部

唐寅——清新活泼的山水画大家

唐寅（1470—1523），明代著名画家、文学家，字伯虎，又字子畏，号六如居士、桃花庵主、逃禅仙吏等，南直隶苏州吴县人，"吴中四才子"之一。在绘画方面又与沈周、文徵明、仇英合称"明四家"。善画山水，足迹遍布名川大山，胸中充满千山万壑，这使其诗画具有吴地诗画家所没有的雄浑潇洒之气。他的山水画大多表现雄伟险峻的崇山峻岭、楼阁溪桥、四时朝暮的江山胜景，也有画作描绘亭榭园林和文人逸士悠闲的生活。其山水画，大幅气势磅礴，小幅清隽潇洒，题材面貌丰富多样。代表作品有《王鏊出山图》《沛台实景图》《行春桥图》《山路松声图》《春山伴侣图》《落霞孤鹜图》《西洲话旧图》《幽人燕坐图》等。

戒骄学画

唐伯虎出生于苏州吴县，自幼便在绘画方面显示了超人的才华。他与文徵明同拜大画家沈周为师，由于他天资聪颖，学习又格外刻苦勤奋，很快便掌握绘画技艺，常常受到沈周的称赞。而同出师门的文徵明却很少受到老师的夸赞，因此一向谦虚的唐伯虎也渐渐地产生了自满情绪。这一切自然都被沈周看在眼里，于是他决定给唐伯虎好好地上一课。

一次，沈周与两位弟子一同吃饭，吃到一半时，沈周觉得屋内闷热，便让唐伯虎去将窗户打开。唐伯虎听后，立即起身去开窗。谁知，他伸手用力推窗，却碰到了一堵实墙。原来这扇窗户是沈周画在墙上的。唐伯虎一时羞愧难耐，自知水平比之老师还相去甚远。从此，唐伯虎一改往日自满姿态，虚心学画，潜心钻研，终于成为画坛的一代名家。

箴言

别人笑我太疯癫，我笑他人看不穿；不见五陵豪杰墓，无花无酒锄作田。

唐伯虎的名作《山路松声图》，图中一山高耸，有一泉水自山腰逐级而下，汇入河中。山脚有一小桥跨泉连接山路，桥上有两人，老者仰首侧耳，似听泉流松声，一童携琴随后。山的结体，错落盘桓，层次清晰，景致优美，而且真实感很强，有北宋全景山水的韵致

111

妙画讽富豪

唐伯虎为人不羁，风流飘逸，喜好游山玩水。

有一年夏天，唐伯虎想独游西湖，走到半路，看见一家酒肆，遂发酒兴，进去酣饮一番。他正要结账时却发现没有带银子，于是问掌柜是否可以赊账，掌柜不同意。唐寅一时慌乱，随手甩开手中的扇子。突然他灵机一动，心想，何不用扇子抵酒钱呢？岂料掌柜又不应允。唐伯虎又心生一计，大声吆喝着要卖手中的扇子。

明代画家唐寅的作品《吹箫仕女图》，唐寅在绘画上虽然以山水画为最优，但他的人物画也独具特色，气韵生动、形神俱佳

这时，酒肆中一位衣着光鲜的富豪，拿过扇子瞥了一眼，轻蔑地说："这扇子上的画无非是小儿信手涂鸦之作，分文不值！"说完将扇子扔在地上。过了一会儿，一位秀才捡起扇子看了看，拍案称赞道："妙哉！妙哉！这一定是出自高人之手！"秀才说罢，见唐寅气宇轩昂，气度不凡，便问："阁下莫非'江南第一风流才子'唐伯虎？"唐寅笑而不语。秀才摸出十两银子，说："我的钱太少，恐怕不够买这扇子。"唐伯虎笑道："足下慧眼识人，我钦佩至极，此扇非你莫属！我只收你五两，足付酒钱便可。"

富豪见状，如梦初醒，忙拱手笑道："唐解元声名远播，我有眼不识泰山，还望先生海涵。"说罢让小二再添酒菜，要与唐伯虎同饮。唐伯虎于是又坐下痛饮了一场，他正要离去，却被富豪叫住，说他愿出千金买刚才那把扇子。唐伯虎哈哈大笑，走出酒肆。

这时一位捕快上前来对唐伯虎说："此人是当地四大富豪之一，与我父亲交情不浅。唐解元可否看我薄面，为他画一幅画像？"唐寅沉吟片刻，点头道："请备文房四宝。"不一会儿，文房四宝俱全，唐伯虎三毫两笔，立即画成。众人围拢一看，登时捧腹大笑，只见画上画着一只乌龟。唐伯虎对于不敬重他人者以其人之道还治其人之身，借画讽富豪，着实妙哉！

朱耷——雄奇隽永的水墨写意山人

朱耷（1624 或 1626—1705），本名朱由桵，字雪个，号八大山人、个山、驴屋等，江西南昌人，明末清初画家，中国画的一代宗师。朱耷是明宁王朱权后裔，明亡后削发为僧，后改信道教，住南昌青云谱道院。其人擅书画，花鸟以水墨写意为宗，形象夸张奇特，笔墨凝练沉毅，风格雄奇隽永；山水师法董其昌，笔致简洁，有静穆之趣，得疏旷之韵。亦擅书法，能诗文。代表作品有《水木清华图》《荷花水鸟图》《河上花并题图卷》《鱼鸭图卷》《莲花鱼乐图卷》《杂花图卷》《杨柳浴禽图轴》《芙蓉芦雁图轴》《大石游鱼图轴》《双鹰翠燕图》等。

箴言

墨点无多泪点多，山河仍是旧山河。

横流乱世杈椰树，留得文林细揣摹。

图为朱耷塑像，位于南昌市区的八大山人纪念馆

癫狂山人，忧愤王孙

朱耷原为明朝王孙，崇祯十七年，清军铁蹄踏破山海关，崇祯皇帝吊死在煤山上。顺治帝曾一度下令对明朝宗室格杀勿论。年轻的朱耷惊恐地发现他的宗室身份如今已经成为一张夺命王牌了，于是不得不携母亲逃往山中。明亡后，在留发不留头的剃发政策下，朱耷选择了中间的道路，削发为僧。他过了一段云游四方的僧人画家的日子，然而佛门的清静始终难以消解他对自我命运的忧愤，而这日日累积的忧愤终于使他身心崩溃。1680 年，正在临川县令胡亦堂家做客的朱耷突然发疯，他把僧衣撕裂焚烧，步行回到了南昌，在大街上疯疯癫癫，忽哭忽笑。疯病痊愈之后，他在故乡南昌定居，开始了以卖画度日的清贫生活。

命运摧毁了这位宗室王孙的尊贵，却也造就了他一代画坛巨匠的伟岸。他维护了前朝遗民应有的尊严，不肯身仕二朝，将一生经历和情感灌注画中，因此其画作充满了倔强之气。朱耷作画往往以象征手法抒写心意，笔墨特点以放任恣纵见长，苍劲圆秀，清逸横生；以形写情，变形取神；着墨简淡，运笔奔放；布局疏朗，意境空旷；精力充沛，气势雄壮。其画不论大幅小品，都有浑朴酣畅且明朗秀健的风神；章法结构不落俗套，在不完整中求完整。他善画山水，且作品多为水墨，枯索冷寂，满目凄凉，于荒寂境界中透出雄健简朴之气，反映了他孤愤的心境和坚毅的性格。

■ 妙画讽豪贵

朱耷晚年生活清贫，靠卖画度日。然而书画的廉价不禁让他感叹"河水一担值三文"。即便如此，他身上的那股倔强和不屈服的骨气依然存在，并随着生活的愈益清贫而与日俱增。他不慕豪贵，不惧强权，对他所憎恶的官员嗤之以鼻。倘若有他不喜欢的官员向他求画，他不是概不应允，就是作画对其进行嘲讽。

有一次，南昌知县请朱耷为其作春夏秋冬四景山水图轴，这类画当时在江西极为流行。然而知县本身并不懂书画，只是为了追随潮流，附庸风雅。朱耷起先拒不接纳，后经知县再三请求，只好答应。知县满心欢喜，坐等朱耷的四景山水图。谁知朱耷却只作了三幅给他，并附书道："我受县老爷委托作画，四幅之中只画了三幅呈上。有人说江西人真是俗，挂画挂四幅，若不是春夏秋冬，便是

渔樵耕读。我画三幅，是为了替江西佬出气，想必大人也赞同我的做法。"此话实际就是对知县附庸风雅的嘲讽。

又有一次，备受康熙皇帝宠信的重臣宋荦向朱耷求画。宋荦是一位廉洁的官员，康熙皇帝赞誉他"清廉为天下巡抚第一"，但是他父亲宋权曾在明朝为官，清军入关后，又投靠清廷。为此朱耷对整个宋氏家族都大为不满，因此对于宋荦的请求，他自然也不会答应。宋荦对书画颇感兴趣，对朱耷的书画才能也极为仰慕，多次请托一见。后来朱耷不胜其烦，终于答应为其画一幅孔雀图。宋荦喜不自胜，却万万没有想到他竟会收到一幅中国绘画史上前所未有的讽刺花鸟画。朱耷画中的孔雀毫无凤鸟的华美，而是圆头圆脑，非常滑稽，似乎在摇尾乞怜。不仅如此，他还特意给宋荦题了一首诗："孔雀名花雨竹屏，竹梢强半墨生成。如何了得论三耳，恰是逢春坐二更。"此作挖苦宋氏家族的变节之举，嘲笑他们甘心成为清廷的奴才，表现出了朱耷耿介、倔强的性格。

朱耷代表作品之一《孤松》，现藏于檀香山艺术学院

郑燮——旷世独立的兰竹怪才

郑燮（1693—1766），清代著名学者、书法家、画家，字克柔，号板桥、板桥道人，江苏兴化人，祖籍苏州，"扬州八怪"之一。其诗、书、画均旷世独立，世称"三绝"，擅画兰、竹、石、松、菊等植物，其中画竹50余年，成就最为突出。代表作品主要有《兰竹芳馨图》《甘谷菊泉图》《竹石图》《墨竹图》《荆棘丛兰石图》等。

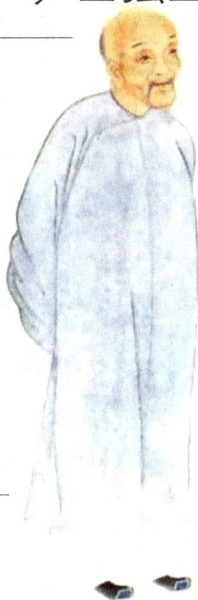

箴言

咬定青山不放松，立根原在破岩中。千磨万击还坚劲，任尔东西南北风。

以画竹出名的郑板桥

怪才妙手绘竹林

郑板桥出生于江苏兴化的一个书香世家，祖上原本富裕，至其父辈时，家道中落。板桥三岁丧母，由乳母崔氏抚养长大。而后由于仕途不顺，曾一度靠卖画度日。凄苦的身世，清贫的生活和坎坷的仕途造就了他怪异的性格。他成名后便以"怪"著称于世，人们认为他"画怪、文章怪、性情怪、行为怪"。但他性情和行为的怪异中总含着几分真诚，几分幽默，几分辛辣。

郑板桥最爱画兰、竹，认为兰、竹有高贵的品性。他曾在画中题道："吾之竹清俗雅脱乎，书法有行款，竹更要行款，书法有浓淡，竹更要有浓淡，书法有疏密，竹更要有疏密。"

郑板桥不轻易赠予他人画作。据说他有一位友人新砌了一道墙，请求郑板桥在墙上绘制一幅画，郑板桥却一直没有应允。有一次，这位友人请郑板桥和其他朋友到家中喝酒。酒兴正酣时，主人当着众人的面，请郑板桥在墙上作画。板桥碍于情面，只好答应。

郑板桥走到墙壁前，用手蘸上墨汁，在墙壁上涂抹起来，而后又将剩下的墨汁都泼到墙壁上。主人见此情景，心下懊恼，他原本想让郑板桥在墙上画一幅风景画，谁知郑板桥竟将整面墙壁涂得漆黑。

一天晚上，雷雨大作，闪电交加。第二天早上，雷停雨住，主人竟在那面被郑板桥涂黑的墙壁前发现了上百只死麻雀。主人虽心下纳闷，却也没有理会。又过了几日，一位鹤发老者经过主人家时，看到了这面墙壁，便驻足细观，大加赞赏。主人愈加惊奇。老者笑问道："这画成了之后，可曾出过怪事？"主人答道："奇事倒是有一件，有天晚上雷雨过后，在墙壁前面发现了上百只死麻雀。"

老者点头道："这正是这幅画的奇妙之处。平常看不出它是竹林，只有打雷下雨之时，经闪电一照，才能看出是竹林。麻雀将它当成真的竹林，飞来避雨，所以就撞在墙上死了。"

■ "一肩明月，两袖清风"

郑板桥为官多年，一直清正廉明，他辞官回家时，"一肩明月，两袖清风"，唯携黄狗一条，兰花一盆。

有一天晚上，狂风吹斜了细雨，送来凛人寒意，郑板桥辗转不能成寐。适有小偷光顾，郑板桥心想若是高声呼喊，万一小偷动手，自己年老体衰，恐无力对付。于是便佯装熟睡，任小偷拿取，但又怕他将自己心爱之物取走。他略一思考，翻身朝里，低声吟道："细雨蒙蒙夜沉沉，梁上君子进我门。"

此时，小偷已近床边，闻声暗惊。随即又听主人吟道："腹内诗书存千卷，床头金银无半文。"小偷心想：这个穷酸书生，不偷也罢。于是转身出门，又听见里面传来："出门休惊黄尾犬。"小偷想，既有恶犬，何不逾墙而出。正欲上墙，又闻："越墙莫损兰花盆。"小偷一看，墙头果有兰花一盆，于是细心避开。脚刚着地，屋内又言："天寒不及披衣送，趁着月黑赶豪门。"

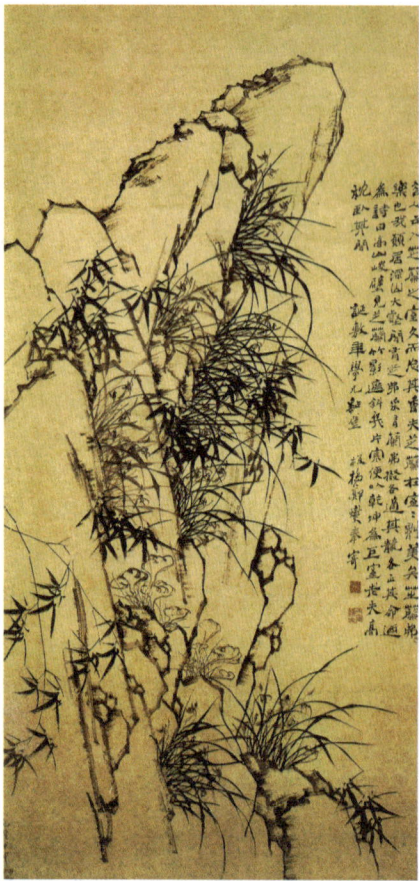

郑板桥《兰竹图》，立轴纸本，纵240.3厘米，横120厘米，现藏于上海博物馆

齐白石——雅俗共赏的写意国画之王

齐白石（1860—1957），中国近代著名的国画家，中国画艺术大师。原名齐纯芝，小名阿芝，后改名璜，字濒生，号兰亭，别号白石，并有齐大、木人、木居士、红豆生、星塘老屋后人、借山翁、借山吟馆主者、寄园、萍翁、寄萍堂主人、龙山社长、三百石印富翁、百树梨花主人等大量笔名与自号。他在艺术上主张"妙在似与不似之间"，绘画师法徐渭、朱耷、石涛、吴昌硕等人，形成独特的大写意国画风格，开红花墨叶一派，尤以瓜果菜蔬花鸟虫鱼为工绝，兼及人物、山水，名重一时，与张大千并称"南张北齐"。代表作品有《墨虾》《蛙声十里出山泉》《白石诗草》《白石印草》等。

箴言

作画妙在似与不似之间，太似为媚俗，不似为欺世。

苏联邮票上中国现代著名画家齐白石的肖像

■ 生命在意态

齐白石出生于湖南湘潭，由于家境贫寒，只上过几年私塾。15岁时，他拜当地木工为师，学得一手精湛的雕花手艺。在雕花过程中，他自悟绘画技巧，开始痴迷绘画。26岁时，他开始正式学习画画，次年又向胡沁园、陈少蕃习诗文书画。37岁时，齐白石拜硕儒王闿运为师，并先后与王仲言、黎松庵、杨度等结为师友。自40岁起，他离乡出游，五出五归，遍历全国十余省，饱览名山大川，广结当世名人，充分了解了各地的民间绘画艺术，为之后的创作积累了广泛的题材。

齐白石的创作继承我国传统绘画的表现方法，吸收民间绘画艺术之所长，通过对生活现象的入微观察，加以融会提炼，形成了自己特有的艺术风格。他的作品以写意为主，题材从人物、山水到花鸟、鱼虫、走兽几乎无所不画，笔墨奔放奇纵，雄健浑厚，挥写自如，富于变化，善于把阔笔写意花卉与工笔细密的写生虫鱼巧妙结合，造型简练质朴，色彩鲜明强烈，画面生机蓬勃、雅俗共赏，独树一帜。

齐白石对艺术有其独到的见解，他认为作品的生命在于意态，而不在形和量。向齐白石求画的人有很多，也有求画者会提出无理要求。每当这时齐白石往往语出幽默，以一种奇妙的方式让来人意识到自己的错误。

有一次，一位先前上门求画之人前来取画。齐白石将画交给来人时，来人夸赞了一番后说道："齐老先生您受累了！多画条鱼吧，我内人最喜欢鱼了！"齐先生也不说话，只是斜着看来客一眼，慢慢把笔濡墨，沉吟半晌，画出一笔、二笔。一尾鱼自画面跃然而出，但极不精神，好像离水几天要翻肚子的样子。客人见后，甚是不解，问道："齐老先生，这鱼怎么看着像死鱼？"齐白石坐在圈椅中说："市面上鱼太多了，把氧气都抢光了，岂能不死？"

■ 成就艺术符号的虾

齐白石从小生活在水塘边，常钓虾玩，他青年时开始画虾，约40岁时临摹徐渭、李复堂等明清画家画的虾。63岁时他画虾已很逼真，但还不够"活"，他便在碗里养了几只长臂虾，置于画案，日日观察，终于参透形神兼备的画虾之法，他画的虾成为画坛一绝，虾也成为他代表性的艺术符号之一。

齐白石画虾，寥寥几笔，以墨色的深浅浓淡勾画出游弋水中的群虾，轻灵纤细、活泼机敏，动感和生气跃然纸上。一对浓墨眼睛，脑袋中间用一点焦墨，左右二笔淡墨，就使虾的头部有了变化，硬壳透明，由深到浅。而虾的腰部，则一笔一节，连续数笔，形成了虾腰节奏的由粗渐细。虾的尾部也是寥寥几笔，既有弹力，又有透明感。虾的一对前爪，由细而粗，数节之间直到两螯，形似钳子，有开有合。虾的触须用数条淡墨线画出。

齐白石为表现出水中虾的那种透视感，所画的线条有虚有实，简略得宜，似柔实刚，似断实连，直中有曲，乱小有序。这样画出的虾似在水中嬉戏游动，触须也似动非动。

▲ 齐白石《群虾图》，立轴纸本水墨，纵62厘米，横32厘米，现藏于中国美术馆

徐悲鸿——技贯中西的现代绘画之父

徐悲鸿（1895—1953），中国著名国画家、油画家，美术教育家，中国国画改革先驱者，是中国现代写实主义艺术和现代美术事业的奠基人，其独特的绘画风格自成一派，被誉为"现代中国绘画之父"。他一生热爱中国绘画与美术教育事业，曾先后留日、法，游历西欧诸国，观摩研究西方美术，是中国公派留学美术第一人。代表作品主要有《田横五百士》《徯我后》《九方皋》《愚公移山》《八骏图》等。

箴言

人不可有傲气，但不可无傲骨。

徐悲鸿的《田横五百士》作于 1928 年，成于 1930 年，距今已有 80 多年的历史。画作所描绘的是《史记·田儋列传》中的农民起义领袖田横在刘邦称帝后，将到洛阳接受招安，他手下忠心的 500 名战士为他送行的情景

■ "人不可有傲气，但不可无傲骨。"

徐悲鸿生于江苏宜兴屺亭桥镇的一个平民家庭，父亲徐达章是私塾先生，能诗文，善书法，自习绘画。受父亲影响，徐悲鸿从小便对诗文、艺术表现出了极大的兴趣。9 岁时他正式跟随父亲学画，13 岁随父辗转于乡村镇里，以卖画为生。自 1913 年起，徐悲鸿曾先后两次奔赴上海谋生、学艺。背井离乡的艰苦生活铸就了徐悲鸿坚毅的性格，丰富了他的阅历，也开拓了他的艺术视野。

1920 年，徐悲鸿在北洋政府的资助下，到法国学习绘画。他勤恳的学习态度和精湛的画艺得到了当时法国著名画家达仰的青睐。然而当时北洋政府统治之下的中国，国力羸弱，外交屈辱，中国留学生时常遭到歧视和羞辱。

有一次，各国留学生在一起聚会，一个喝得醉醺醺的外国学生无理地向徐悲鸿挑衅："你们中国人愚昧无知，生来就是当亡国奴的料。即使把你们送到天堂里去深造，也成不了什么大材。"

徐悲鸿听了这句话，非常气愤，他愤怒地盯着这位出言不逊的外国学生，毫不示弱地对他说："先生，你不是说我们中国人不行吗？那好，从现在开始，我代表我的国家，你代表你的国家，我们比试比试！看看到底谁是人才，谁是蠢材！"

从此，徐悲鸿就下定决心，一定要学好绘画，为祖国争气，为民族争光。

徐悲鸿的代表作《愚公移山图》

一年后，徐悲鸿创作的一幅油画受到了法国著名艺术家拉蒙先生的好评。此后徐悲鸿在巴黎国立高等美术学校的多次比赛中获得了第一名。不久，他又在巴黎展出了《远闻》《怅望》《箫声》和《琴课》等油画作品，轰动了整个巴黎美术界。许多观众看过之后，都称赞："中国人真了不起！"就连那个出言狂妄的外国学生也不得不承认自己不是徐悲鸿的对手。

■ 技贯中西，爱国巨匠

徐悲鸿在巴黎国立美术学校学画时，遇到了他的老师弗拉芒格先生。他对徐悲鸿日后油画风格的形成有着巨大影响。在法国期间，徐悲鸿先后走访了比利时、意大利、罗马及瑞士等地，美丽的异国风光令他陶醉，欧洲绘画大师的佳作令他受益匪浅。长达8年的旅欧生涯，造就了他此后一生的审美意趣、创作理念和艺术风格。

1927年，学有所成的徐悲鸿回到祖国。他参加了田汉、欧阳予倩组织的"南国

社"，积极倡导"求美、求善之前先得求真"。1931年，"九一八"事变爆发，日军侵华加剧，民族面临存亡危机。徐悲鸿希望国家能够大量招揽人才以便驱逐侵略者，于是创作了取材于古代寓言的巨型绘画——《九方皋》。"九方皋"是《淮南子·道应训》中的人物，以善相马闻名天下。画中黑色的雄马例外地戴着缰辔，寓意"愿为知己者用，不愿为昏庸者制"，画作借古寓今，表达了他热爱祖国和人民的真挚感情。1940年徐悲鸿又完成了国画《愚公移山》，赞誉中国民众坚忍不拔的毅力和夺取抗日最后胜利的顽强意志。

徐悲鸿的爱国情怀贯穿他的一生，他用自己特殊的方式表达了他的爱国热情。他在关键时刻维护了民族尊严，在必要时刻唤醒麻木的心灵，他的伟大之处不但在于引进了西方画风，开创了一代新画风，更在于他顽强不屈的奋斗精神和崇高的爱国情怀。他是中国现代美术的领军人物，也是名垂青史的民族英雄。

张大千——大风堂画派始祖

■ 飘飘美髯敞风襟，楚凤称珍愚众家

提到近代国画大师张大千，人们一定会想起他那漂亮的胡子。20世纪中国已经进入了新时期，许多文人知识分子都不再是宽衣长袍的打扮了。然而张大千却依然秉持了传统知识分子的打扮，总是身着宽衣长袍。因此，"飘飘美髯敞风襟"成为张大千特有的标志。

张大千生于四川内江，母亲曾友贞是当时一位颇有名气的女画家，哥哥张善孖为画虎名家。受母亲和哥哥的影响，张大千从小对绘画极感兴趣，并在少年时便显示出绘画天赋。张大千学画先从描摹古人作品入手，从近到远，把历代具有代表性的画家一一挑出，潜心研究。他在学习古人笔法的同时，也深得古人思想精髓，并能身体力行，做到师古而不泥古，笔补造化。因此他模仿古人作品，惟妙惟肖，几乎能达到以假乱真的程度。

张大千早期模仿石涛、八大山人等画家的作品，并深得其精髓，形神皆似，以至于瞒过了当时几位权威的鉴赏家。当时，北方有位著名的画家、收藏家，名为陈半丁。他是当时名画鉴赏的权威，言重九鼎。有一次，他新收集到一册石涛画页，视其为绝妙精品，特宴邀艺林名家到家中欣赏。张大千未被邀请，但因石涛是自己仰慕已久的画家，为了一睹石涛大作，便不请自到。

箴言

作画如欲脱俗气、洗浮气、除匠气，第一是读书，第二是多读书，第三是有系统有选择地读书。

张大千（1899—1983），20世纪中国画坛最具传奇色彩的国画大师，本名张正权，后改名张爰、张猿，小名季，号季爰，别署大千居士、下里巴人、斋名大风堂，四川内江人，祖籍广东省番禺县。因其诗、书、画与齐白石、溥心畬齐名，故并称为"南张北齐"和"南张北溥"。张大千对绘画、书法、篆刻、诗词无所不通。他早期专心研习古人书画，在山水画方面卓有成就。

20世纪40年代初，张大千曾历时两年多，在敦煌莫高窟写生，临摹了近300幅敦煌壁画，为唐代艺术的传承与发展做出了巨大贡献，被称为中国临摹敦煌壁画的第一人。

后来，张大千旅居海外，画风工写结合，重彩、水墨融为一体，尤善泼墨与泼彩，开创了新的艺术风格。其创作"包众体之长，兼南北二宗之富丽"，集文人画、作家画、宫廷画和民间艺术为一体。代表作品主要有《嘉藕图》《爱痕湖》《长江万里图》《四屏大荷花》《八屏西园雅集》等。

宴邀之人到后，陈半丁拿出画册，洋洋得意地正想展示，张大千突然说："是这个册子啊！不用看了，我知道。"陈半丁一时不悦，反问道："你知道什么啊？"张大千当即说出画册每一页的内容，并将题款、用印一一道来。陈半丁一一核对，丝毫不差，又惊又气，便问："你什么时候得过到这本画册？"不料，张大千竟说："这画都是我画的！"满座宾客一片哗然。

开创"大风堂画派"

张大千对近代国画的贡献不仅仅在于他为世人留下了许多精品画作，还在于他开创了一个新的画派——"大风堂画派"，发展了泼墨与泼彩的新艺术风格，并将这一开创性的风格广泛传授给后世的绘画爱好者。

20 世纪 20 年代，张大千与其兄在上海"大风堂"开堂收徒，传道授艺。"大风堂画派"的作品以"秀""润"为主要风格，线条以钉头鼠尾描和柳叶描、高古游丝描为多，用色则以矿物颜料为主。张大千用笔及构图都擅长使用 S 型构图，使作品在细致工整的画风上有一种锐不可当的放逸。张大千借鉴了唐宋敦煌和唐卡艺术，使上古与中古时期的技法得以传承和发展。

1936 年，张大千在中央大学教国画。他让同学们到画室上课，边画边讲。他别出心裁的讲课方式受到了学生们的热烈欢迎，他渊博的学识，高深的艺术造诣也让学生们钦佩不已。他教导学生多读书，培养高尚的人格。他认为画家只有具备高尚的人格，其作品才会不流于俗。

"大风堂画派"对中国传统技法进行了整理，恢复了很多失传的画技，对中国画传统技法的保存影响深远。

张大千仿石涛作品，设色、风骨毫无二致，几可乱真